LES ÉPOUVANTAILS DE MINUIT

Biographie

R. L. Stine est né en 1943 à Colombus aux États-Unis. À ses débuts, il écrit des livres interactifs et des livres d'humour. Puis il devient l'auteur préféré des adolescents avec ses livres à suspense. Il reçoit plus de 400 lettres par semaine ! Il faut dire que, pour les distraire, il n'hésite pas à écrire des histoires plus fantastiques les unes que les autres. R. L. Stine habite New York avec son épouse Jane et leur fils Matt.

Avis aux lecteurs

Vous êtes nombreux à écrire à l'auteur de la série Chair de poule et nous vous en remercions. Pour être sûrs que votre courrier arrive, adressez votre correspondance à :

Bayard Éditions Jeunesse
Série Chair de poule
3, rue Bayard
75008 Paris.

Nous la transmettrons à R. L. Stine.

Chair de poule®

LES ÉPOUVANTAILS DE MINUIT

R.L. STINE

TRADUIT DE L'AMÉRICAIN
PAR LAURENT MUHLEISEN

DIXIÈME ÉDITION
BAYARD JEUNESSE

Titre original
GOOSEBUMPS n° 20
The scape crow walks at midnight

Loi n° 49 956 du 16 juillet 1949
sur les publications destinées à la jeunesse
Dépôt légal février 2001

ISBN : 2 747 002 37 3

Avertissement

Que tu aimes déjà les livres ou que tu les découvres, si tu as envie d'avoir peur, **Chair de poule** est pour toi.

Attention, lecteur !

Tu vas pénétrer dans un monde étrange où le mystère et l'angoisse te donnent rendez-vous pour te faire frissonner de peur... et de plaisir !

1

– Hé, Julie ! Attends-moi ! Ce que t'es pressée !

Je tournai la tête. La lumière vive du soleil me fit plisser les yeux. Mark, mon frère, était loin derrière moi, sur le quai de la gare. Le train, lui, poursuivait déjà sa route sinueuse à travers la campagne.

Henry, l'ouvrier agricole de mes grands-parents, était debout à côté de moi, portant nos deux valises.

– Je suis sûre que dans un dictionnaire, au mot « traînard », il y a une photo de Mark, soupirai-je.

Mon frère prenait toujours tout son temps. Il avançait à la vitesse d'un escargot, l'air ahuri, comme à son habitude. D'un geste agacé, je rejetai mes longs cheveux en arrière. Décidément, Mark n'avait pas l'air très enthousiaste. Pourtant, nous n'étions pas venus à la ferme depuis un an.

Henry n'avait pas changé. Il était toujours aussi maigre. « Comme un haricot », aimait dire ma grand-mère. On avait l'impression que sa salopette en jean avait bien cinq tailles de trop.

Il était âgé de quarante-cinq ans environ. Il avait des cheveux noirs coupés en brosse et de grands yeux bruns aussi ronds que ceux d'une poupée. Ses oreilles décollées rougissaient en permanence.
Il n'était pas très malin. Grand-Père Georges disait toujours que ses batteries ne fonctionnaient pas à plein régime. Mais Mark et moi, nous l'aimions beaucoup, surtout pour son sens de l'humour. C'était un homme doux et sympathique, qui avait toujours un tas de choses bizarres à nous faire découvrir lorsque nous venions à la ferme.

Mark nous rejoignit enfin en traînant des pieds. Nous étions arrivés devant la camionnette rouge de mes grands-parents. La bâche de la plate-forme avait été enlevée. Il faisait un temps magnifique.
Mark me tendit son sac à dos.
– Porte-moi ça, s'il te plaît ! me dit-il.
– Et puis quoi encore ! répliquai-je. Tu es assez grand pour le porter tout seul.
Son sac à dos contenait son baladeur, une trentaine de cassettes, des bandes dessinées, son ordinateur de poche et au moins cinquante disquettes de jeux différentes. Je savais qu'il avait l'intention de passer le mois entier couché dans le hamac, derrière la ferme, à écouter de la musique en s'excitant sur ses jeux vidéo.
Mais ça, il n'en était pas question ! Papa et maman m'avaient prévenue : c'était à moi de veiller à ce que Mark bouge et profite de ses vacances. En ville, nous

restions enfermés toute l'année. Voilà pourquoi, chaque année, nous passions un mois dans la ferme de Grand-Père et Grand-Mère. Pour profiter des grands espaces.

Il fallut attendre qu'Henry ait fouillé dans toutes les poches de sa salopette pour retrouver la clé de contact.

– Il va faire sacrément chaud aujourd'hui, annonça-t-il. À moins qu'il ne fasse frais.

Les prévisions météorologiques d'Henry étaient toujours aussi précises !

Je regardai vers les champs qui s'étendaient à perte de vue derrière le petit parking de la gare. Au-dessus des épis de maïs flottaient des milliers de petits flocons duveteux. Ils s'élevaient lentement vers le ciel d'un bleu lumineux. C'était si beau !

Naturellement, j'éternuai.

J'aimais beaucoup passer des vacances dans la ferme de mes grands-parents. Le seul problème, c'est que j'étais allergique à presque tout ce qui s'y trouvait. Ma valise contenait donc plein de médicaments contre les allergies, ainsi que des tonnes de mouchoirs en papier.

Henry déposa les deux valises à l'arrière de la fourgonnette.

– Je peux rester sur la plate-forme ? demanda Mark.

Il adorait voyager couché à l'arrière en regardant le ciel. Il n'avait pas peur des violentes secousses qui agitaient la camionnette lorsqu'Henry conduisait.

Car Henry conduisait terriblement mal. On aurait dit

qu'il était incapable de tenir le volant et regarder la route en même temps. Il prenait toujours ses virages à la dernière seconde et ne savait pas éviter les bosses ou les trous. Même les plus gros.

La camionnette se mit en route. Henry s'accrochait au volant des deux mains. Penché en avant, le dos raide, le nez contre le pare-brise, il regardait droit devant lui, sans cligner des yeux.

– Monsieur Mortimer n'exploite plus sa ferme, dit-il soudain en pointant une main tremblante vers un grand bâtiment blanc, au sommet d'une colline.

– Ah bon ? Pourquoi ? demandai-je.

– Parce qu'il est mort, répondit Henry d'un ton solennel.

Vous voyez ce que je voulais dire en parlant de l'humour d'Henry. On ne savait jamais à quoi s'attendre avec lui

À présent, la route traversait un petit hameau, si petit qu'il n'avait même pas de nom. Les gens l'appelaient tout simplement « la ville ». On y trouvait un magasin d'alimentation, une station-service qui faisait aussi quincaillerie, une petite église avec un clocher blanc et une boîte aux lettres.

Deux camionnettes étaient garées devant le magasin.

À part cela, tout semblait désert.

La ferme de mes grands-parents se situe à environ trois kilomètres du hameau. Au fur et à mesure que nous en approchions, le paysage me devenait plus familier.

– Le maïs est déjà drôlement haut ! m'exclamai-je.

Vous en avez mangé ?
– Oui, hier soir, répondit Henry.
Tout à coup, il se tourna vers moi et dit d'une voix sourde :
– Les épouvantails s'animent à minuit.
– Quoi ?
– Les épouvantails s'animent à minuit, répéta-t-il en écarquillant les yeux. J'ai lu le livre.
C'était si surprenant que je restai d'abord interdite.
Puis je me mis à rire. J'avais tort.
J'allais bientôt m'apercevoir qu'il ne plaisantait pas.

2

La ferme se dressait enfin devant nous. J'étais folle de joie. Je ne la trouvais pas particulièrement belle ou originale, mais je l'aimais comme elle était.
J'aimais la grange et son odeur de foin coupé.
J'aimais les meuglements des vaches menées au pré.
J'aimais regarder les longs épis de maïs onduler sous le vent comme les vagues de l'océan.
J'aimais aussi les histoires de fantômes que racontait Grand-Père Georges le soir devant la cheminée.
J'allais oublier les crêpes au chocolat de Grand-Mère Miriam ! Elles étaient si bonnes que parfois, bien après les vacances, j'en rêvais encore chez nous, en ville.
Et surtout, j'aimais les visages rayonnant de joie de mes grands-parents lorsqu'à notre arrivée ils accouraient pour nous embrasser.
Je sautai de la camionnette et franchis en courant le portail de la ferme. J'allais enfin les retrouver !
Grand-Mère sortit la première. Elle écarta les bras et

laissa la porte de la maison claquer derrière elle. Grand-Père la suivit aussitôt. Il se hâta vers moi avec un grand sourire.
Je remarquai immédiatement qu'il boitait bien plus que l'année précédente et s'appuyait sur une canne. L'émotion des retrouvailles me fit rapidement oublier ce détail.
– Comme je suis contente de vous voir ! Ça fait si longtemps, si longtemps ! ne cessait de répéter Grand-Mère.
Suivirent les commentaires habituels, sur le fait que nous avions grandi, que nous n'étions presque plus des enfants...
– On vous a installé le câble, depuis l'an dernier ? demanda Mark, traînant son sac à dos par terre.
– Le câble télé ? dit Grand-Père en faisant la grimace. Certainement pas ! Nous avons nos trois chaînes. Ça suffit largement.
– C'est nul, bougonna Mark, déçu.
Henry passa devant nous, une valise dans chaque main.
– Vous devez mourir de faim ! s'écria Grand-Mère Miriam. J'ai fait de la soupe et des sandwiches. Ce soir, nous aurons du poulet avec du maïs. Le maïs est très doux cette année, comme vous l'aimez.
En rentrant dans la maison, j'observais mes grands-parents. Ils avaient vieilli l'un et l'autre. Ils marchaient plus lentement que dans mon souvenir. Grand-Père boitait terriblement. Tous les deux semblaient très fatigués.

Grand-Mère Miriam était petite et ronde. Elle avait un visage jovial, encadré de cheveux bouclés roux. D'un roux incroyable, très vif. Elle portait des lunettes carrées, qui lui donnaient un air un peu démodé. Elle aimait les robes amples. Je crois que jamais je ne l'avais vue porter un pantalon ou une salopette.

Grand-Père Georges, lui, était grand et large d'épaules. Maman racontait qu'autrefois, il avait été très bel homme. « On aurait dit un acteur de cinéma », ajoutait-elle toujours.

À présent, il avait des cheveux blancs comme la neige, qu'il lissait soigneusement avec de la brillantine. Lorsque ses yeux d'un bleu lumineux me regardaient, je ne pouvais m'empêcher de sourire.

Le repas fut joyeux. Nous étions tous assis autour de la grande table de la cuisine. Le soleil entrait par la fenêtre grande ouverte. Dehors, on voyait la grange, et derrière celle-ci les champs à l'infini.

Pendant le dîner, les grands-parents nous posèrent mille questions. Je donnai des nouvelles de l'école, de mon équipe de basket sélectionnée pour le championnat. Mark parla de notre nouvelle voiture et de la moustache que Papa se laissait pousser.

Tout au long du repas, je ne pouvais m'empêcher de les observer. J'avais du mal à définir exactement ce qui avait changé chez eux en un an. Ils paraissaient tellement éteints, tellement plus lents ! Je me dis que ce devait être ça, vieillir.

– Tout à l'heure, Henry vous montrera ses épouvantails, promit Grand-Mère. N'est-ce pas, Henry ?
Grand-Père se racla bruyamment la gorge, comme s'il essayait de lui faire comprendre qu'il valait mieux changer de sujet.
Curieux !
– C'est moi qui les ai faits, annonça fièrement Henry.
Il fixa ses grands yeux ronds sur moi, avant d'ajouter :
– Le livre ! C'est le livre qui m'a montré comment faire.
– Au fait, Mark, et tes leçons de guitare ? demanda Grand-Père Georges.
Visiblement, il ne voulait pas qu'on parle des épouvantails d'Henry.
– Ça va, articula Mark, la bouche pleine de chips. Mais maintenant, c'est une guitare électrique.
– Tu veux dire qu'il faut la brancher comme un fer à repasser ? s'étonna Henry.
Il se mit à rire, persuadé d'avoir dit quelque chose de très drôle.
Grand-Mère Miriam s'adressa à Mark :
– Quel dommage que tu ne l'aies pas apportée !
– Quelle chance, plutôt ! m'écriai-je pour me moquer de mon frère. Je suis sûre que si les vaches l'entendaient jouer, leur lait risquerait de tourner.
– Leur lait a déjà tourné, murmura Grand-Père avec un soupir.
Henry marmonna en roulant des yeux :

– Mauvais présage ! Quand le lait des vaches tourne, c'est un mauvais présage.
Grand-Mère s'empressa de le rassurer en posant délicatement une main sur son épaule :
– Calme toi ! Tout va bien. Grand-Père Georges plaisantait, c'est tout.
– Puisque vous avez terminé votre repas, les enfants, que diriez-vous d'une promenade autour de la ferme avec Henry ? proposa Grand-Père. Je vous accompagnerais volontiers, mais ma jambe... Ça ne va pas très bien en ce moment.
Grand-Mère se leva pour faire la vaisselle. Henry nous fit signe de le suivre par la porte de derrière. Dehors, l'herbe venait d'être coupée. L'air était délicieusement parfumé.
Au bout d'une longue allée se dressait la grange. La peinture blanche qui la recouvrait s'écaillait de partout. À travers la porte grande ouverte, on apercevait des bottes de foin. À droite de la grange, assez loin, on voyait la petite maison dans laquelle Henry vivait avec son fils Stanley.
– Henry, où est Stanley ? demandai-je. Pourquoi il n'a pas mangé avec nous ?
– Il est allé en ville avec son poney, répondit calmement Henry.
Mark et moi échangeâmes un regard. Depuis quand Stanley avait-il un poney ? Décidément, Henry était toujours aussi imprévisible.
On découvrit enfin les épouvantails auxquels Grand-Mère Miriam avait fait allusion. Ils s'élevaient,

menaçants, au-dessus des épis de maïs. Le soleil était encore fort et je dus mettre ma main en visière pour mieux les observer.
– Mais... Il y en a des dizaines ! m'écriai-je. L'an dernier, il n'y en avait qu'un. Pourquoi tous ces épouvantails, Henry ?
Il ne répondit pas. Il ne semblait même pas m'avoir entendue. Il marchait un peu comme une cigogne, à longues enjambées, le corps raide, les poings serrés dans les poches de sa salopette trop grande.
Mark commençait à s'impatienter :
– On connaît la ferme par cœur ! À quoi ça sert d'en faire le tour ?
– Change un peu de disque, lui répondis-je. Tu sais bien qu'on fait toujours le grand tour lorsque nous arrivons. C'est la tradition.
Mark fit la moue. Il était vraiment paresseux. Avec lui, impossible d'entreprendre quoi que ce soit !
Plus loin, Henry quitta le chemin pour s'enfoncer dans le champ de maïs. Les tiges s'élevaient bien au-dessus de ma tête. Leurs extrémités dorées luisaient au soleil.
Henry se hissa sur la pointe des pieds et cueillit un épi.
– Voyons s'il est mûr, dit-il en nous souriant.
Il ôta soigneusement l'enveloppe qui protégeait les grains, et me tendit l'épi.
Je poussai un cri d'horreur. C'était affreux !

3

– Beurk ! C'est dégoûtant !
– Pouah ! C'est nul ! fit Mark.
L'épi de maïs avait une couleur brunâtre répugnante. Et les grains semblaient bouger. Ça grouillait de partout. Je compris qu'il était envahi de centaines de petits vers.
Henry mit l'épi sous son nez et l'observa.
– Oh ! Non ! cria-t-il, horrifié.
Il fit tomber l'épi visqueux, qui s'écrasa au sol.
– Mauvais présage ! ajouta-t-il. Très mauvais présage ! Le livre ! C'est marqué dedans !
Je regardai par terre. Les vers commençaient à se disperser.
– Ce n'est rien, Henry, dis-je pour le rassurer. J'ai crié parce que j'étais surprise. C'est pas grave. Parfois, les épis sont pleins de vers. C'est Grand-Père qui me l'a expliqué.
– Non, c'est mauvais signe ! C'est marqué dans le livre ! répéta Henry d'une voix tremblante.

Ses oreilles avaient pris une teinte cramoisie. Son regard exprimait la peur.
– C'est quoi, ce livre ? demanda Mark, en donnant un coup de pied dans l'épi.
– Mon livre, déclara Henry d'une voix mystérieuse. Mon livre de sorcellerie.
– Parce que tu as lu un livre de sorcellerie ? s'étonna mon frère en observant les vers qui se tortillaient dans la poussière.
– Oui ! répondit Henry avec enthousiasme. C'est un très bon livre. Il dit tout. Et tout ce qu'il dit est vrai.
Il souleva sa casquette et se gratta la tête :
– Il va falloir que je regarde ce qu'il faut faire avec le maïs. Le maïs gâté.
Il semblait complètement perdu. Il me faisait un peu peur. Pourtant, je connaissais Henry depuis que j'étais toute petite. Il avait toujours été bizarre, c'est vrai, mais jamais je ne l'avais vu dans un tel état !
– Montre-nous les épouvantails de plus près, lui dis-je pour changer de sujet.
– Les épouvantails ? D'accord, allons-y, approuva Henry.
Il se retourna, l'air toujours inquiet, et nous conduisit à travers les hautes tiges vertes qui grinçaient lorsque nous les frôlions. Elles émettaient une sorte de gémissement presque surnaturel.
Soudain une ombre me recouvrit. Devant moi, sinistre, se dressait un grand épouvantail. Il portait un manteau noir en loques, rembourré de paille. Ses bras étaient faits de branchages.

Il était impressionnant. Il me dépassait de plus d'un mètre, trônant au-dessus des épis de maïs. Un sac en toile rempli de paille lui servait de tête. On y avait grossièrement peint un visage aux traits menaçants, aux yeux noirs et terribles. Il était coiffé d'un vieux chapeau défoncé.

– C'est toi qui les as fabriqués ? demandai-je à Henry.

Un peu partout autour de nous, je vis d'autres épouvantails. Ils avaient tous le même air diabolique.

Henry leva les yeux vers le pantin de paille.

– Oui, c'est moi, répondit-il à voix basse. J'ai appris dans le livre.

– Brrr ! Ils n'ont pas l'air commode, murmura Mark en se rapprochant de moi.

Il saisit un pan du manteau noir et le secoua.

– Alors, comment ça va ? plaisanta-t-il.

– Les épouvantails s'animent à minuit, dit Henry.

C'était la même phrase étrange qu'il avait déjà prononcée sur le chemin de la ferme.

– Qu'est-ce que tu veux dire ? demandai-je à Henry.

– Le livre m'a donné la recette, dit-il sans quitter sa créature des yeux. Le livre m'a appris comment les faire marcher.

– Tu veux dire que tu sais faire marcher les épouvantails ? insistai-je, extrêmement troublée.

Henry se retourna vers moi. Une fois de plus, son visage prit une expression solennelle.

– Oui ! Je sais comment on fait. Il y a toutes les formules dans le livre.

Je ne comprenais plus rien. Je ne savais pas quoi lui dire.

– Je les ai fait marcher, Julie, poursuivit Henry à voix basse. Je les ai fait marcher la semaine dernière. Maintenant, c'est moi leur chef.

– Quoi ? Le... le chef d-des ép-épouvantails ? bégayai-je. Tu veux dire que...

Je ne pus continuer. Du coin de l'œil, je vis le bras de l'épouvantail bouger.

Lentement, sa main glissait hors de la manche dans un bruit de paille froissée.

Je sentis le contact rugueux des branchages sur mon visage. Puis le bras sec de l'épouvantail descendit vers ma gorge.

4

– Ce truc est vivant ! hurlai-je.

Paniquée, je me laissai tomber par terre et tentai de fuir à quatre pattes entre les tiges de maïs.

Me tournant vers Mark et Henry je vis qu'ils m'observaient le plus calmement du monde. Ne s'étaient-ils donc pas rendu compte que j'étais en danger ?

C'est à ce moment-là que Stanley, le fils d'Henry, surgit de derrière l'épouvantail, le visage hilare.

– Stanley ! Espèce de sale type ! m'écriai-je, folle de rage. C'est toi qui as fait bouger le bras !

– Ah là là ! répondit-il. Vous autres, les gosses de la ville, on peut vous faire peur avec n'importe quoi !

Le sourire jusqu'aux oreilles, il me tendit la main pour m'aider à me relever.

– Tu as vraiment cru que l'épouvantail était vivant, hein, Julie ? ajouta-t-il encore.

– Moi, je sais les faire bouger, dit Henry en abaissant

sa casquette sur les yeux. Je sais comment faire. C'est marqué dans le livre.

Le sourire de Stanley s'effaça. La lueur de malice qui égayait ses yeux disparut.

– C'est vrai, Papa, murmura-t-il. Toi, tu sais.

Stanley a presque seize ans. Chez lui, tout est long et mince. Les jambes, les bras, le cou. Un véritable haricot, comme son père.

Ses longs cheveux noirs qui pendent sur ses épaules ne doivent pas être lavés souvent. Je ne l'ai jamais vu porter autre chose que des T-shirts trop grands et des jeans sales, troués aux genoux. Sa grande préoccupation, c'est de jouer les durs. À la manière dont il vous regarde avec ses petits yeux noirs, on a toujours l'impression qu'il se moque de vous.

Il nous appelle, Mark et moi, « les gosses de la ville ». Il passe son temps à nous jouer des tours stupides. Je crois qu'il est un peu jaloux. Je le comprends ; ça ne doit pas être facile de vivre toute l'année avec un père comme le sien dans une maison minuscule.

Et quand je dis « un père » en parlant d'Henry, j'exagère un peu. Mentalement, c'est un vrai gamin.

– Je t'ai vu derrière l'épouvantail, expliqua Mark à Stanley.

Je bouillais de colère :

– Ah, bravo ! Merci de m'avoir prévenue !

Puis je regardai Stanley droit dans les yeux :

– Une chose est sûre : tu n'as pas beaucoup évolué en un an.

– Merci du compliment ! C'est chouette de te revoir, Julie, répondit-il. Je suis certain que l'odeur de notre fumier te manquait terriblement !
– Arrête, Stanley, tu me fatigues déjà !
– Soyez gentils, marmonna Henry. Vous savez, le maïs entend tout.
Cette phrase nous stupéfia. S'agissait-il encore d'une de ses plaisanteries ? Avec lui, c'était difficile à dire. Non, il avait l'air le plus sérieux du monde. À l'ombre de sa casquette, on apercevait ses grands yeux noirs qui nous fixaient.
– Le maïs entend tout, répéta-t-il. Partout, dans chaque tige, il y a des esprits.
Stanley secoua la tête, mécontent :
– Papa, tu passes trop de temps dans ton livre !
– Tout ce que dit le livre est vrai, rétorqua Henry. Tout !
Stanley donna un coup de pied rageur dans une motte de terre. Il leva la tête vers moi. Ses yeux avaient une expression de profonde tristesse.
– Les choses ne sont plus comme avant, ici, murmura-t-il.
– Quoi ? demandai-je, interloquée. Qu'est-ce que tu veux dire ?
Stanley se tourna vers son père, qui lui jeta un regard menaçant.
Stanley n'ajouta rien de plus. Il se tourna vers Mark pour lui palper le bras :
– Toujours aussi mou, hein ? Ça vous dit, une petite partie de foot, cet après-midi ?

– Sûrement pas ! Par cette chaleur ? répliqua Mark. Joignant le geste à la parole, il s'épongea le front.
– C'est pas possible ! Mais quel mollasson ! railla Stanley.
– Oh, ça va ! protesta mon frère. J'ai simplement dit qu'il faisait trop chaud, c'est tout.
– Hé, tu as quelque chose dans le dos, dit soudain Stanley. Tourne-toi un peu, pour voir ?
Mark s'exécuta. Stanley en profita pour ramasser l'épi de maïs plein de vers et le glisser sous le T-shirt de mon frère.
Je dois avouer que c'était assez drôle de voir Mark s'enfuir avec des hurlements de terreur en direction de la ferme.

Le dîner fut calme. Le poulet de Grand-Mère Miriam était aussi délicieux que d'habitude. J'étais contente d'être avec mes grands-parents. Mais je n'arrivais décidément pas à me faire à leur changement. Avant, Grand-Père Georges parlait sans arrêt. Il nous racontait des dizaines d'anecdotes amusantes à propos des autres fermiers du coin. Sans compter toutes les histoires drôles dont il nous régalait. Mais ce soir-là, c'est tout juste s'il dit deux mots.
Grand-Mère Miriam nous encourageait à manger plus. Elle demandait sans arrêt si le repas nous plaisait. Mais elle semblait plus effacée, elle aussi.
Pour tout dire, nos grands-parents avaient l'air mal à l'aise. Tendus. Ils ne cessaient d'observer Henry, à

l'autre bout de la table, qui mangeait du maïs avec avidité, en se mettant du beurre partout.
Stanley, maussade, était assis en face de son père. Il donnait l'impression d'être encore plus buté que d'habitude.
– Tout va bien, Henry ? demanda Grand-Mère Miriam.
Je remarquai qu'en disant cela elle se mordait la lèvre.
– Ça va pas trop mal, dit-il d'un ton énigmatique.
Mais que se passait-il ici ? J'étais de plus en plus perplexe. L'atmosphère était si différente ! Fallait-il tout mettre sur le compte du vieillissement de mes grands-parents ?

Après le dîner, on s'installa dans le salon. Grand-Père Georges prit sa place habituelle, à côté de la cheminée, dans le fauteuil à bascule.
Il faisait trop chaud pour allumer un feu. Pourtant, Grand-Père avait les yeux fixés sur l'âtre. Il semblait plongé dans ses pensées.
Grand-Mère était assise à côté de lui, dans un fauteuil vert, large et confortable, un magazine de jardinage posé sur ses genoux.
Stanley avait disparu. Henry, le dos contre un mur, se curait les dents. Mark était affalé à côté de moi sur le canapé.
J'observai la pièce.
– Décidément, m'exclamai-je au bout d'un moment, cet ours me fera toujours aussi peur.

À l'une des extrémités du salon, dressé sur ses pattes arrière, se trouvait un ours brun empaillé qui devait bien mesurer deux mètres cinquante. C'est Grand-Père Georges qui l'avait abattu, bien des années auparavant, au cours d'une partie de chasse. L'ours montrait des crocs et des griffes menaçants. On aurait dit qu'il allait vous sauter dessus !

– C'était un tueur, dit Grand-Père en se balançant dans son fauteuil. Lorsque je l'ai abattu, il s'apprêtait à assommer deux chasseurs qu'il avait réussi à désarmer. Je leur ai sauvé la vie.

Je détournai la tête en frissonnant. Comme je détestais cet ours ! Vraiment, je ne comprenais pas pourquoi mes grands-parents s'obstinaient à le garder dans le salon !

– Tu n'as pas plutôt une histoire d'épouvante à nous raconter ? demandai-je à Grand-Père Georges.

Il me regarda, et je vis ses yeux bleus s'assombrir.

– Oh oui, Grand-Père ! Si tu savais comme on se réjouissait, Julie et moi, d'entendre à nouveau tes histoires, renchérit Mark. Raconte-nous celle de l'enfant sans tête qui vivait dans un placard.

– Non, j'en aimerais une nouvelle ! protestai-je.

Grand-Père se frotta le menton. Son regard se dirigea vers Henry, à l'autre bout de la pièce. Puis il se racla la gorge nerveusement.

– Je crois que je suis un peu fatigué, les enfants, dit-il à voix basse. C'est l'heure pour moi d'aller au lit.

– Et notre histoire ? m'écriai-je.

Mon grand-père me regarda avec des yeux éteints.

– Je n'ai plus d'histoire à raconter, plus aucune, murmura-t-il.
Lentement, il se leva, et se dirigea d'un pas lourd vers sa chambre.
Mais que se passait-il ici ? Je ne comprenais rien à rien !

5

Plus tard dans la soirée, je montai me coucher. La fenêtre de ma chambre était grande ouverte. Je sentais le souffle léger de la brise dans la pièce.

Dans le jardin, un grand pommier projetait son ombre sur l'herbe. Juste derrière commençait le champ de maïs. Baignés par la lueur de la lune, les épis avaient des reflets dorés. Les ombres des tiges zébraient le sol.

À intervalles réguliers, les épouvantails se dressaient au-dessus du maïs, raides comme des soldats au garde-à-vous, leurs loques ondulant dans le vent léger. On aurait dit que leurs visages blafards me fixaient d'un air menaçant.

Un frisson courut le long de mon échine. Quelle idée d'avoir planté autant d'épouvantails ! Il y en avait au moins douze, bien alignés. Une véritable petite armée.

« Les épouvantails s'animent à minuit. »

Je me souvins de la phrase d'Henry. Jamais encore je

ne l'avais entendu dire quelque chose sur un ton pareil.

Je jetai un coup d'œil sur le réveil. Il était un peu plus de dix heures.

– Lorsqu'ils commenceront à bouger, j'espère que je dormirai depuis longtemps, marmonnai-je.

J'éternuai. J'avais oublié que j'étais allergique à l'air de la campagne, le jour comme la nuit !

Les pantins de paille projetaient des ombres énormes sur le champ. Et comme la brise faisait onduler le maïs, les ombres avaient l'air de danser.

C'est alors que je vis les épouvantails tressaillir, comme s'ils avaient le hoquet.

– Mark ! hurlai-je. Mark, viens vite ! Dépêche-toi !

6

Les épouvantails se mettaient à bouger. J'étais paralysée de terreur. Leurs bras avaient des mouvements désordonnés. Ils hochaient la tête de manière saccadée. Tous. Absolument tous.

Les douze épouvantails s'agitaient, sursautaient, gesticulaient comme s'ils voulaient se libérer des pieux qui les fixaient au sol.

– Mark ! Vite !

J'entendis des pas précipités dans le couloir. Mark entra en trombe dans ma chambre.

– Qu'est-ce qui se passe ? demanda-t-il en haletant.

En tremblant, je lui fis signe de s'approcher de la fenêtre et je pointai un bras en direction du champ de maïs.

– Regarde ! Les épouvantails !

Mark se pencha à l'extérieur. Par-dessus son épaule, je vis les épouvantails poursuivre leur danse endiablée. À moitié morte de peur, je serrai les bras autour de mon corps.

– C'est le vent, dit Mark au bout d'un court moment. Qu'est-ce que tu as, Julie ? C'est simplement le vent qui fait bouger leurs frusques.
– Ce... Ce n'est pas le vent, Mark ! bredouillai-je. Regarde mieux !
Il haussa les épaules et sourit. Puis il se pencha à nouveau par la fenêtre. Cette fois-ci, il observa la scène plus attentivement.
– Tu ne vois donc rien ? demandai-je avec angoisse. Ils bougent, tous ensemble. Regarde leurs bras, leurs têtes ! Ils les remuent !
Lentement, Mark se tourna vers moi. Ses yeux bleus s'étaient agrandis sous l'effet de la panique.
Il avait le souffle coupé. Au bout d'un moment, il murmura, d'une voix brisée par la terreur :
– Viens ! Descendons prévenir Grand-Père !
C'était peine perdue. La porte de la chambre de mes grands-parents était fermée. Ils devaient dormir, à cette heure tardive.
– On ferait peut-être mieux d'attendre demain matin, chuchotai-je à mon frère en remontant au premier étage. Je pense que je survivrai jusque-là.
Une fois dans ma chambre, je me précipitai à la fenêtre et la fermai soigneusement. Dehors, les épouvantails poursuivaient leurs gesticulations.
Je me dépêchai de gagner mon lit et me recroquevillai sous la couette.
Je dormis d'un sommeil agité.
Le lendemain matin, je me levai en hâte, passai un coup de brosse dans mes cheveux et descendis dans

la cuisine pour prendre mon petit déjeuner.
Mark me rejoignit dans l'escalier. Ses vêtements étaient fripés, comme s'il avait dormi tout habillé, et ses cheveux ébouriffés.
– J'ai faim, marmonna-t-il.
C'était la seule chose qui l'intéressait quand il se levait : manger. D'habitude, cela m'énervait, mais ce matin-là, je fus bien contente de ne pas avoir à parler tout de suite de l'horrible spectacle de la nuit.
En ouvrant la porte de la cuisine je vis Henry et Grand-Père Georges, déjà assis à table, une grande cafetière fumante posée devant eux.
Henry sirotait tranquillement son café. Grand-Père avait la tête cachée derrière son journal.
Lorsqu'il nous entendit, il le baissa et nous sourit faiblement :
– Bonjour, les enfants, dit-il.
– Bonjour, Grand-Père ! Bonjour, Henry !
Puis ce fut le silence. Je m'assis à côté de Mark. Nous nous frottions les mains en roulant de gros yeux, comme dans les dessins animés : enfin, nous allions nous régaler avec les crêpes au chocolat de Grand-Mère Miriam !
Vous imaginez notre choc lorsque Grand-Mère déposa devant nous une grande boîte de cornflakes. Abasourdie, je me tournai vers Mark. Son regard exprimait la même surprise et la même déception.
– Des cornflakes ? bredouilla-t-il.
Je me tournai vers elle :
– Grand-Mère Miriam... Pas de crêpes ?

Au lieu de me regarder, elle fixa ses yeux sur ceux d'Henry.

– Je n'en fais plus, murmura-t-elle. Il paraît que c'est lourd à digérer.

– Exact ! Rien de tel qu'un grand bol de cornflakes au petit déjeuner ! intervint Henry en souriant jusqu'aux oreilles.

Pour joindre le geste à la parole, il s'empara de la boîte et se servit copieusement.

Grand-Père n'avait pas levé les yeux de son journal. Grand-Mère versa du lait dans nos bols.

– Bon appétit ! dit-elle avant de se pencher sur l'évier.

Je vis que Mark pensait comme moi. L'année dernière, Grand-Mère Miriam nous préparait des tas de crêpes au chocolat tous les matins !

« Mais que se passe-t-il ici ? » me demandai-je une nouvelle fois. Tout à coup, je me rappelai les mots que Stanley avait murmurés la veille : « Les choses ne sont plus comme avant, à la ferme. »

C'était bien vrai, les choses avaient changé ! En mal, à ce que je voyais.

Mon estomac gargouillait. Puisqu'il n'y avait pas le choix, autant manger les cornflakes. Maussade, Mark avait déjà commencé les siens.

Tout à coup, je me souvins des épouvantails.

– Grand-Père Georges, commençai-je, la nuit dernière, Mark et moi, nous étions à la fenêtre et... en regardant les épouvantails... nous avons remarqué qu'ils bougeaient. Ils...

J'entendis Grand-Mère Miriam lâcher un petit cri de surprise. Grand-Père Georges laissa tomber le journal sur ses genoux. Il m'observait, l'air inquiet, sans dire un mot.
– Oui, les épouvantails..., reprit Mark. Je t'assure. Ils bougeaient !
Henry eut un rire gêné.
– C'était le vent, affirma-t-il en regardant Grand-Père Georges avec insistance. C'est ça, le vent. Il les faisait se balancer.
Grand-Père Georges se tourna vers lui :
– Tu en es sûr ?
Henry semblait très tendu.
– Oui, certain. C'était le vent, répéta-t-il.
– Mais ils essayaient de se dégager de leurs pieux ! m'écriai-je. On les a vus !
Grand-Père Georges regardait Henry avec sévérité. Les oreilles d'Henry devinrent rouge vif. Il baissa les yeux et se mit à bredouiller :
– Cette nuit, il y avait du vent. C'est ça qui les a fait bouger...
– Moi, il me semble qu'il va faire très beau aujourd'hui, coupa tout à coup Grand-Mère Miriam.
– Oui. C'est une très belle journée qui s'annonce, renchérit Grand-Père Georges, en changeant lui aussi de sujet.
– Mais... Et les épouvantails ? insista Mark.
C'était clair. Ils n'avaient pas envie de parler de ce qu'on avait vu. Est-ce qu'ils ne nous croyaient pas ?

Grand-Père s'adressa à Henry :
– Quand tu auras mené les vaches au pré, tu pourrais peut-être emmener Mark et Julie à la pêche ?
– Peut-être, répondit Henry nonchalamment. Peut-être qu'on pourrait faire ça, oui.
– Moi, ça me va, annonça Mark.
Mark adorait la pêche. Ici, à la campagne, c'était une de ses activités préférées, parce qu'elle ne demandait pas trop d'efforts.
Derrière le pré où paissaient les vaches il y avait un joli ruisseau, qui faisait partie de la propriété de mon grand-père. Il traversait une petite forêt. On pouvait y pêcher des quantités incroyables de poissons.
Mes cornflakes terminés, je m'adressai à Grand-Mère Miriam, qui me tournait le dos :
– Et toi, qu'est-ce que tu fais aujourd'hui ? On pourrait peut-être passer un moment ensemble, toutes les deux, et...
Je m'arrêtai net. Grand-Mère Miriam venait de se retourner. Je voyais une de ses mains.
Je poussai un hurlement de terreur.
Sa main...
Sa main était en paille !

7

– Julie ! Mon Dieu, mais que se passe-t-il ? demanda ma grand-mère.

Je pointai un doigt tremblant en direction de sa main. En y regardant mieux, je me rendis compte de mon erreur. La main de Grand-Mère Miriam n'était pas en paille. Elle tenait simplement un balai.

Elle le tenait à l'envers, pour enlever la poussière accrochée à la brosse.

Je me sentis complètement ridicule.

– Excuse-moi, Grand-Mère, bredouillai-je. C'est mon allergie. Je crois que j'ai une sorte de conjonctivite. Je vois des tas de trucs bizarres depuis hier. Je vais prendre mes médicaments.

C'est vrai, je commençais à voir des épouvantails partout. Je m'en voulus d'être aussi stupide.

« Arrête de penser à ces maudits épouvantails, me dis-je. Henry a raison. S'ils ont bougé, hier soir, c'est à cause du vent. »

À cause du vent, tout simplement.

Plus tard dans la matinée, Henry nous accompagna à la pêche. En chemin vers le ruisseau, il semblait d'excellente humeur.
Il eut un grand sourire en découvrant dans le panier à pique-nique ce que Grand-Mère Miriam nous avait préparé pour le déjeuner.
– Elle n'a mis que des choses que j'aime, dit-il joyeusement.
Il referma le couvercle en riant de satisfaction. On aurait vraiment dit un enfant.
Sous son bras gauche, il tenait nos trois cannes à pêche en bambou. Sa main droite tenait le panier en osier. Il avait refusé que Mark et moi l'aidions.
L'air était chaud et parfumé. Le soleil brillait dans un ciel sans nuages.
Au moment où nous allions dépasser la grange, Henry tourna brusquement à gauche et longea le mur. Son visage avait changé d'expression. Il semblait très concentré.
– Hé, Henry ! Mais où vas-tu ? criai-je en le suivant.
Il ne parut pas m'avoir entendue. À longues enjambées, agitant le panier à pique-nique dans tous les sens, il contourna la grange, reprenant la direction de la ferme.
Derrière moi, Mark se mit à ronchonner :
– Julie, attends-moi !
Mark détestait qu'on marche trop vite, surtout en vacances. Il me rejoignit en haletant.
Henry avait à nouveau changé de cap. Il se dirigeait à présent vers nous.

– Mais qu'est-ce que tu fabriques, Henry ? lui demandai-je, abasourdie, lorsqu'il arriva à notre hauteur. Tu nous fais tourner en rond !
Il hocha la tête, l'air le plus sérieux du monde :
– Il faut faire trois fois le tour de la grange !
– Hein ? Mais pourquoi ? fit Mark.
– Ça va nous porter chance pour la pêche, expliqua Henry. C'est marqué dans le livre. Tout est marqué dans le livre, tu sais bien.
Je m'apprêtai à lui dire qu'il était vraiment bête. Mais à la dernière seconde, je me ravisai. Il semblait tellement croire à toutes ces superstitions ! Et puis, ça nous faisait faire un peu d'exercice, à Mark et à moi.
Les trois tours achevés, notre petit groupe reprit la direction du ruisseau. Il fallait emprunter un chemin boueux qui longeait le champ de maïs. Henry avait retrouvé son sourire. On aurait vraiment dit que ce livre était devenu la chose la plus importante de sa vie.
Je me demandai si Stanley croyait lui aussi tout ce qui s'y trouvait.
– Stanley ne vient pas avec nous ? m'étonnai-je.
– Il a quelques bricoles à réparer, répondit Henry. Stanley fait du bon travail. Du très bon travail. Je pense qu'il va être là bientôt. Il n'aime pas manquer nos parties de pêche.
Le soleil commençait à taper vraiment fort. De temps à autre, au-dessus des tiges de maïs apparaissait un des épouvantails d'Henry.

J'étais mal à l'aise. J'avais la désagréable impression d'être observée. J'étais certaine que ces horribles créatures me suivaient du regard lorsque je passais à leur hauteur.
Du coin de l'œil, je crus en voir un lever brusquement les bras.
Je me sentais idiote d'imaginer des choses pareilles ! Mais je ne pouvais m'empêcher d'avoir peur. Je décidai de regarder droit devant moi.
« Arrête de penser aux épouvantails, Julie ! me dis-je. Oublie le mauvais rêve de cette nuit. C'est le vent, le vent qui les a fait bouger. Le soleil brille, tu n'as rien à craindre, la journée s'annonce très agréable. Détends-toi et profites-en ! »
De l'autre côté du champ de maïs commençait le petit bois. Il nous fallut poursuivre notre route à travers les arbres. On entendait à présent le bruit du ruisseau.
Tout à coup Henry s'arrêta. Il se baissa et ramassa une pomme de pin. Les trois cannes à pêche tombèrent par terre, mais il ne sembla pas s'en apercevoir. Le nez sur la pomme de pin, il l'observa attentivement.
– Une pomme de pin qui tombe à l'ombre d'un sapin, ça veut dire que l'hiver sera très long, déclara-t-il.
Je me baissai en même temps que Mark pour ramasser les cannes.
– C'est ce qui est écrit dans ton livre ? devina mon frère.

Henry hocha la tête. Il reposa délicatement la pomme de pin exactement là où il l'avait trouvée.
– Elle est encore pleine de résine : c'est bon signe, ajouta-t-il le plus sérieusement du monde.
Mark pouffa de rire. Je savais que, depuis un moment, il essayait de se retenir pour ne pas vexer Henry, mais là, ça lui avait échappé.
Henry le regarda d'un air de reproche :
– Tout est vrai, Mark. Tout.
– Je... J'aimerais bien jeter un coup d'œil dans ton livre, bredouilla Mark, un peu mal à l'aise.
– C'est un livre très difficile, le prévint Henry. Je ne comprends pas très bien certains mots.
– Vous entendez le bruit du ruisseau ? Joli, non ? dis-je pour changer de sujet. Eh bien, qu'est-ce qu'on attend ? Je voudrais bien attraper quelques poissons avant midi, moi !

Quelques instants plus tard, j'étais debout au milieu du courant. L'eau froide m'arrivait à mi-mollets. Sous mes pieds nus, les rochers étaient glissants. Évidemment, pour pêcher, Mark aurait préféré s'allonger dans l'herbe, mais, à force d'insister, je réussis à le convaincre que c'était bien plus drôle – et bien plus facile pour attraper des poissons – d'être debout dans l'eau.
– C'est surtout bon pour attraper une pneumonie ! protesta-t-il en relevant le bas de son jean.
Henry éclata de rire, puis, posant délicatement le panier sur l'herbe et remontant le bas de sa salopette,

il saisit une canne et s'avança dans l'eau avec précaution.

– Ouuuuh, c'est froid ! s'écria-t-il en remuant les bras au-dessus de sa tête pour garder l'équilibre.

L'eau était très claire. Je lançai ma ligne au loin et me mis à surveiller le petit flotteur rouge à la surface de l'eau.

Les rayons du soleil caressaient mon visage, le courant frais baignait mes pieds. En somme, tout cela était très agréable.

– Hé, ça mord ! s'écria Mark, tout excité.

Je me retournai en même temps qu'Henry, et je le vis tirer sur sa ligne.

Il tirait de toutes ses forces.

– Bon sang, il doit être énorme ! gémit-il.

Il fit un dernier effort, et l'on vit apparaître au bout de son hameçon une grosse branche couverte de mousse.

– Bravo, quel champion ! dis-je en roulant les yeux. Il est effectivement énorme !

– C'est toi qui es énorme, maugréa Mark. Énorme de bêtise !

– Très drôle ! répliquai-je.

Je chassai du revers de la main un taon qui s'était posé sur mon bras et tâchai de me concentrer uniquement sur ma ligne. Mais je ne pouvais m'empêcher de repenser aux épouvantails. Ils étaient si grands, ils avaient l'air si sombre, si menaçant ! Leurs visages avaient des expressions si terribles ! Est-ce qu'ils avaient vraiment bougé ?

Plongée dans mes réflexions, je sentis soudain une main agripper ma cheville.
C'était une main en paille, une main d'épouvantail.
Elle sortit de l'eau et commença à remonter le long de mon mollet, froide et trempée.
Elle me serrait de plus en plus fort.
Je hurlai.

8

Je voulus saisir la main qui m'enserrait. Mais je perdis l'équilibre sur les cailloux glissants et m'étalai de tout mon long dans l'eau. Splatch !

Je criai encore plus fort. La main n'avait pas lâché prise. À présent, elle remontait le long de mon corps. Folle de terreur, j'agitai désespérément les bras.

C'est alors que je compris. C'était un gros paquet d'algues visqueuses qui s'était accroché à ma cheville.

Pas la moindre trace d'épouvantail. Seulement des algues.

Je restai allongée dans l'eau froide, sans bouger, jusqu'à ce que mon cœur batte moins fort. Jamais je ne m'étais sentie aussi bête.

Je levai les yeux vers Mark et Henry. Ils me regardaient, étonnés.

– Je vous préviens, je ne veux rien entendre, leur dis-je en enlevant rageusement les algues de mon pied. C'est compris ? Pas un mot !

Mark se retenait de rire, je le voyais bien, mais, préférant m'obéir, il ne fit aucun commentaire.
– Je n'ai pas emporté de serviette, annonça sérieusement Henry. Je suis désolé, Julie. Je ne savais pas que tu voulais te baigner.
Mark était sur le point d'exploser. Ses gloussements étaient de plus en plus forts. Je lui lançai un regard lourd de menaces. Mon T-shirt et mon short étaient trempés. Je me levai et regagnai la rive, tenant maladroitement la canne à pêche devant moi.
– Merci, je n'ai pas besoin de serviette, Henry ! répliquai-je. C'était juste pour me rafraîchir un peu.
– En tout cas, grâce à toi, tous les poissons sont partis, se plaignit Mark.
– Non. C'est à cause de toi qu'ils sont partis. C'est parce qu'ils ont vu ta sale tête !
Je savais que je réagissais comme un bébé. Mais tant pis ! J'avais froid et j'étais dans une colère noire !
J'entendis Henry s'adresser à Mark :
– Viens, descendons plus bas, ça mordra mieux !
Ils disparurent derrière une courbe du ruisseau. Mark suivait Henry en marchant avec précaution. Il n'aurait plus manqué qu'il glisse, lui aussi !
Je me frottai vigoureusement le crâne et le corps avec les mains. Lorsque je fus à peu près sèche, je m'assis par terre en me demandant ce que j'allais bien pouvoir faire de cette matinée.
Un craquement derrière moi me fit sursauter.
Un bruit de pas.
Je fouillai du regard les buissons. Un écureuil, terro-

risé, s'enfuit pour se cacher. Quelqu'un ou quelque chose avait dû l'effrayer.

Le bruit de pas recommença. Je tendis l'oreille en retenant mon souffle. Encore un frémissement de feuilles qu'on écrase.

– Qui... qui est là ? criai-je.

Seul le bruissement d'un buisson qu'on frôle me répondit.

– Stanley... Stanley, c'est toi ?

Ma voix tremblait.

Pas de réponse.

« Ça ne peut être que Stanley, me dis-je. Nous sommes dans la propriété de Grand-Père Georges. Personne n'y pénètre jamais. »

– Stanley, arrête de me faire des farces !

Toujours pas de réponse.

Le craquement d'une branche. Le froissement des feuilles. Mais cette fois-ci, tout proche.

– Stanley, arrête !... Je sais que c'est toi ! J'en ai vraiment marre de tes bêtises ! Stanley ?

Mes yeux essayaient de percer le sous-bois.

J'écoutai. À présent, c'était le silence.

Un silence lourd.

Soudain, une silhouette massive surgit de l'ombre d'un grand pin.

– Stanley... ?

Je reculai de quelques pas.

Je vis un manteau noir en loques. Une tête en toile peinte. Un chapeau cabossé, juste au-dessus de deux yeux menaçants.

De la paille sortait de deux manches écartées. Une paille rêche et jaunâtre.
Un épouvantail.
Il nous aurait suivis ? Un épouvantail nous aurait suivis jusqu'au ruisseau ?
Avec une grimace d'horreur, j'observai sa mine repoussante aux traits figés. Je voulus crier.
Mais aucun son ne sortit de ma bouche.

9

Soudain une main se posa lourdement sur mon épaule.
Je poussai un cri strident et me dégageai vivement.
C'était Henry. Alarmé par mes appels, il était accouru, suivi de Mark. Ils me regardaient tous deux, l'air interloqué.
– Julie, mais que se passe-t-il ? me demanda Henry. Mark et moi, nous... C'est bien toi qui as appelé Stanley, non ?
– Qu'est-ce qu'il y a encore ? poursuivit Mark sur un ton dédaigneux.
Dans sa précipitation, il avait emmêlé la ligne de sa canne à pêche et il essayait de défaire les nœuds.
– Alors ? Réponds ! Tu as été attaquée par un écureuil enragé ? Parle ! se moqua-t-il encore.
– Non, j...j...je...
Mon cœur battait trop fort. Je ne pouvais pas articuler le moindre mot.
– Ca... ca... calme-toi, Julie ! fit Mark en m'imitant.

– J’ai vu un épouvantail ! hurlai-je enfin.
Henry restait bouche bée. Mark me lança un regard suspicieux :
– Un épouvantail ? Ici, en pleine forêt ?
– Il... il marchait, balbutiai-je. Je l’ai entendu. J’ai entendu ses pas.
Henry laissa échapper un petit « oh ! » de surprise. Mark continuait à m’observer, les sourcils froncés.
– Il est là ! m’écriai-je soudain. Juste là, derrière !
Je tendis le doigt dans sa direction.
Trop tard. Il avait déjà disparu.

10

Henry était comme cloué au sol. Ses grands yeux ronds me fixaient avec effroi.

– Je l'ai vu, insistai-je. Entre ces deux arbres. Je vous assure !

– Vraiment ? Un épouvantail ? Tu en es sûre ? demanda Henry, qui commençait à trembler de tous ses membres.

– Euh... C'est-à-dire... C'était peut-être seulement une ombre, répondis-je, de peur de l'effrayer.

Vite, il fallait changer de sujet !

– Je suis trempée. Je vais m'allonger au soleil. C'est bon, tout va bien maintenant.

– Mais tu l'as vraiment vu, Julie ? répéta Henry, les yeux écarquillés. Tu as vraiment vu un épouvantail se promener par ici ?

– Eh bien... Je n'en suis plus tout à fait sûre. Je suis désolée de tout ce remue-ménage.

Je n'espérais qu'une chose : qu'Henry se calme.

– C'est très mauvais, murmura-t-il. Très, très mauvais. Il faut que je regarde dans le livre. C'est très mauvais.

Il fit demi-tour et s'enfuit en courant.

– Henry !... Attends ! criai-je. Reviens ! Ne nous laisse pas seuls ici !

Trop tard. Il avait disparu entre les arbres.

– Je vais le suivre ! m'exclamai-je. Ensuite, j'irai tout raconter à Grand-Père Georges. Mark, tu ramèneras les cannes à pêche et tout le reste !

– Tout seul ? gémit mon frère.

Décidément, il n'y avait pas plus paresseux que lui !

Mon cœur battait à tout rompre lorsque j'atteignis le champ de maïs. Les épouvantails ! À nouveau, j'avais l'impression qu'ils m'observaient, comme tout à l'heure. J'imaginai qu'à mon passage ils allaient étendre les bras pour me happer.

Mais aucun d'entre eux ne bougea. Ils restèrent silencieux, dressés au-dessus des tiges, comme tous les épouvantails du monde. Je les dépassai le plus vite possible ; ils me terrorisaient, je n'y pouvais rien !

Je vis Henry courir vers sa petite maison. Je criai plusieurs fois son nom, mais il ne m'entendit pas et s'enferma chez lui.

Je décidai alors d'aller retrouver Grand-Père Georges pour lui raconter toute l'histoire.

La porte de la grange était ouverte et il me sembla voir quelqu'un à l'intérieur.

– Grand-Père ! appelai-je, hors d'haleine. Tu es là ?

J'entrai précipitamment dans la grange. Mes cheveux étaient secs à présent, mais je transpirais abondamment. Je me tenais debout dans le carré de lumière de la porte et scrutais l'intérieur.

Il fallut un certain temps pour que mes yeux s'habituent à l'obscurité.

– Grand-Père ? Où es-tu ?

J'entendis du bruit au fond de la grange. J'avançai dans cette direction.

– Grand-Père, il faut que je te raconte quelque chose. Quelque chose d'important...

Le son de ma voix résonnait dans le vaste espace sombre. Je n'étais pas rassurée. Mes baskets crissaient sur la paille.

Un bruit sourd me fit sursauter.

Il fit encore plus sombre.

– Hé ! m'écriai-je.

Trop tard. Quelqu'un était en train de refermer la porte de la grange.

– Hé ! Qui est là ?

Je ne savais pas ce qui dominait en moi : la peur ou la colère.

– Stop ! Arrêtez !

En faisant demi-tour, je glissai sur la paille et tombai de tout mon long. Le temps de me redresser, la porte claqua.

Je me retrouvai dans le noir le plus complet, le plus effrayant.

– Laissez-moi sortir ! hurlai-je. Je veux sortir d'ici immédiatement !

Ma voix s'étrangla. Je terminai ma phrase dans un hoquet de terreur.
Je me mis à marteler la porte des deux poings, sauvagement. Puis je tâtonnai fébrilement les planches à la recherche d'un loquet, d'une serrure, de quelque chose à tirer, à soulever, à pousser, quelque chose qui me fasse sortir de cet enfer !
Je ne trouvai rien. Je me remis à frapper sur la porte à m'en briser les mains.
Enfin je me calmai, et reculai d'un pas.
« Reprends-toi, Julie, me dis-je. Reprends-toi. Tu trouveras bien un moyen de sortir. Tu ne peux pas rester enfermée ici toute ta vie, sois logique. »
J'essayai de me raisonner. Je retins ma respiration quelques secondes pour calmer les battements fous de mon cœur. Puis j'expirai, lentement. Très lentement.
Je commençai à me sentir un peu mieux lorsque j'entendis une sorte de grattement.
Au comble de l'angoisse, je mis mes deux mains devant mon visage.
Scratch, scratch, scratch...
Bruit de chaussures foulant la paille. Bruit de pas.
Des pas lourds, saccadés.
Des pas qui se dirigeaient vers moi dans le noir.

11

– Qui... qui est là ? articulai-je péniblement.
Pas de réponse.
Scratch, scratch, scratch...
Les pas se rapprochaient.
– Qui êtes-vous ? hurlai-je.
Pas de réponse.
Il faisait trop noir pour que je puisse distinguer quoi que ce soit.
Scratch... scratch...
Le grattement était maintenant tout près.
Je reculai. Mon dos heurta quelque chose. Dans ma terreur, je mis plusieurs secondes à réaliser que c'était une échelle. L'échelle qui menait au fenil.
Les pas, toujours, de plus en plus près...
– Je vous en supplie ! haletai-je. Je vous en supplie, non !
De plus en plus près. Le froissement de la paille, le noir absolu...
J'agrippai les barreaux de l'échelle.

– Je vous en supplie ! Laissez-moi !

Sans me rendre vraiment compte de ce que je faisais, je me mis à escalader l'échelle. Mes bras tremblaient, il me semblait que mes jambes pesaient des tonnes, mais je réussis à atteindre l'étage.

J'échappai provisoirement à l'horrible chose qui s'avançait vers moi.

Retenant mon souffle, je me couchai à plat ventre sur le sol. La chose allait-elle me suivre, allait-elle monter ? Je n'entendis d'abord que le bruit de mon cœur qui cognait dans ma poitrine.

Je tendis l'oreille, à demi morte d'angoisse.

Des frottements. Le frémissement des pas sur la paille.

– Allez-vous-en ! hurlai-je de toutes mes forces. Qui que vous soyez, ALLEZ-VOUS-EN !

Les bruits continuaient. Cela ressemblait de plus en plus à de la paille frottant de la paille.

À quatre pattes, je me précipitai vers la petite fenêtre du fenil d'où filtrait un peu de lumière. La poitrine prête à exploser, je l'ouvris.

Ouf ! La corde était toujours là. La corde que Mark et moi utilisions pour nous balancer le long du mur de la grange.

« Je vais pouvoir sortir d'ici, me dis-je, folle de joie. Il suffit d'agripper la corde et de se laisser glisser au sol. Je suis sauvée ! »

Je saisis la corde des deux mains, me penchai par la fenêtre, jetai un coup d'œil en bas...

Et poussai un cri d'horreur.

12

Juste au-dessous de moi je vis un chapeau noir. Et sous le chapeau, un manteau, noir lui aussi.
C'était un épouvantail. Planté devant la porte de la grange, il semblait monter la garde.
En entendant mon cri, il se mit à remuer les bras et les jambes.
Je restai bouche bée. L'épouvantail, boitillant sur ses pieds de paille, les bras ballants le long du corps, se mit à courir en direction du champ de maïs.
Je me frottai les yeux.
J'avais des visions. Il n'y avait pas d'autre explication !
Les mains moites et glacées, j'agrippai la corde et plongeai dans le vide. La corde se balança le long de la façade en bois.
– Aaaaaïe !
Je tombai lourdement sur le sol. Le frottement de la corde m'avait écorché les mains.
Sans réfléchir, je me mis à la poursuite de l'épouvan-

tail. Je voulais le rattraper, en avoir le cœur net. Savoir si c'était vraiment un mannequin de paille capable de marcher.

Je n'avais plus peur. Je courais aussi vite que je pouvais, les tempes battantes.

En contournant l'angle de la grange, je me heurtai à Stanley !

– Hé... !

Nous étions aussi surpris l'un que l'autre.

Je le poussai sans ménagement. Derrière lui, l'épouvantail avait disparu.

– Y'a le feu quelque part ? grogna Stanley. Tu as failli me flanquer par terre !

Il portait son éternel jean crasseux, et un T-shirt moulant violet, qui le rendait encore plus maigre. Ses cheveux noirs et gras étaient noués en queue de cheval.

– L'é... l'épouvantail ! bredouillai-je.

Et c'est à cet instant que tout devint clair dans mon esprit.

Il n'y avait pas de mystère de l'épouvantail !

13

L'épouvantail, c'était Stanley ! À présent j'en avais la certitude.
C'était Stanley qui nous avait suivis jusqu'à la rivière. Et c'était lui que je venais de voir devant la grange.
Stanley. Il avait trouvé là un nouveau moyen de me harceler.
Bien sûr ! Qui d'autre que lui aurait pu faire bouger les épouvantails la nuit dernière, dans le champ ?
Il aimait ça, Stanley, nous jouer des tours, à nous les « gosses de la ville ». Depuis que nous étions tout petits. Et, même s'il pouvait être charmant, il avait un mauvais fond.
– Je croyais que vous étiez tous à la pêche ? s'étonna-t-il.
– Eh bien, tu t'es trompé, comme tu vois, répondis-je. Pourquoi tu t'obstines à nous faire peur ?
– Hein ?
Il prit un air abasourdi.

– Stanley, lâche-moi un peu, tu veux bien ? Je sais que c'était toi, l'épouvantail, tout à l'heure.

– L'épouvantail ? De quoi tu parles ? demanda-t-il avec les yeux les plus innocents du monde.

– Tu t'es déguisé en épouvantail ! l'accusai-je. Ou alors, tu en as apporté un ici et tu l'as fait bouger je ne sais pas comment !

– Mais tu délires complètement ! protesta Stanley. T'es restée trop longtemps au soleil ou quoi ?

– Arrête ce cinéma ! Pourquoi tu fais ça ? Pourquoi tu cherches sans arrêt à nous faire peur ? Et à faire peur à ton père, par la même occasion ?

– Julie, je crois vraiment que tu débloques ! s'exclama Stanley. Figure-toi que j'ai autre chose à faire que me promener dans des costumes de carnaval juste pour vous effrayer !

– Là, tu te fiches de moi, avoue-le ! insistai-je, un peu perturbée.

Je m'interrompis net lorsque je vis l'expression de son visage changer brusquement.

– Papa ! s'écria-t-il. Tu as dit que mon père a eu peur ?

Je hochai la tête.

Stanley semblait paniqué.

– Il faut que je le retrouve ! s'exclama-t-il. Vite ! Il... il est capable du pire !

– Stanley, ça suffit, tu vas trop loin ! Maintenant tu arrêtes !

Mais, au lieu de se calmer, il se mit à courir en hurlant le nom de son père.

Je ne le revis que peu de temps avant le dîner. Henry l'accompagnait, le livre de sorcellerie à la main.
– Julie, murmura Henry en me faisant signe d'approcher.
Je fus surprise de voir à quel point il semblait troublé. Tout rouge, il écarquillait les yeux plus que jamais.
– Salut, Henry, dis-je tout bas, un peu mal à l'aise.
– Ne parle pas des épouvantails à ton grand-père, dit-il.
– Quoi ?
J'étais sidérée.
– Ne dis rien à ton grand-père, répéta Henry. Ça va l'inquiéter. Et c'est mauvais pour lui, tu comprends ?
– Mais enfin...
Il m'interrompit en mettant un doigt sur ses lèvres.
– Ne dis rien, Julie. Ton grand-père n'aime pas ce genre d'histoires. Je m'occuperai des épouvantails. Tout est écrit, là.
Il tapota la couverture du livre avec son doigt.
J'allais lui expliquer que l'épouvantail n'était autre que son imbécile de fils, mais Grand-Mère Miriam nous appela pour passer à table.

Henry ne quitta pas son livre de tout le repas. Toutes les trois bouchées, il en feuilletait quelques pages et relisait à voix basse un paragraphe.
Je voyais ses lèvres remuer mais, assise à l'autre bout de la table, je ne comprenais rien à ce qu'il articulait.
Stanley, le nez dans son assiette, ne prononça pas le

moindre mot. Apparemment, il avait du mal à supporter que son père lise ce livre à table.

Grand-Père et Grand-Mère, en revanche, faisaient ceux qui ne remarquent rien. Ils plaisantaient, s'inquiétaient de temps à autre de savoir si nous avions assez à manger. On aurait dit que le comportement de leur ouvrier leur paraissait on ne peut plus normal.

J'avais terriblement envie de raconter à Grand-Père Georges comment Stanley essayait de nous effrayer, Mark et moi. Mais pour ne pas troubler Henry, je gardai le silence. Après tout, j'étais assez grande pour m'arranger toute seule avec Stanley. Il se croyait malin, mais il ne me faisait pas peur du tout.

Au dessert, ma grand-mère nous servit une gigantesque tarte aux cerises.

– Tu as vu ça ? C'est bizarre, non ? me chuchota Mark à l'oreille.

J'étais étonnée, moi aussi.

– Je croyais que Grand-Père Georges n'aimait que la tarte aux pommes ? dis-je à ma grand-mère.

Elle eut un sourire forcé :

– Oh, c'est encore trop tôt pour les pommes.

– Grand-Père Georges n'est plus allergique aux cerises ? insista Mark.

Grand-Mère commença à couper la tarte.

– Oh non, la tarte aux cerises, ça plaît à tout le monde, répondit-elle sans nous regarder.

Elle leva les yeux vers Henry avant d'ajouter :

– N'est-ce pas, Henry ?

Il sourit jusqu'aux oreilles et dit :

– C'est ma préférée. Grand-Mère Miriam ne fait plus que les choses que j'aime bien.

Le dîner terminé, Grand-Père refusa une fois de plus de nous raconter une histoire d'épouvante.
Assis autour de la cheminée, nous regardions les flammes danser dans l'âtre. Malgré la chaleur de la journée, le temps s'était rafraîchi ce soir-là suffisamment pour qu'on allume un petit feu.
Grand-Père se balançait dans son fauteuil à bascule. Il avait toujours aimé regarder le feu, mais d'habitude il nous racontait une histoire en même temps. On pouvait alors voir des reflets dorés dans ses beaux yeux bleus. Et plus l'histoire devenait horrible, plus sa voix était grave.
Ce soir-là, il haussa les épaules lorsque je lui demandai d'en raconter une. Il regarda tristement l'ours empaillé à l'autre bout du salon. Puis son regard se posa sur Henry.
– Les enfants, je ne me souviens plus d'aucune histoire, répondit-il avec un sourire embarrassé. Ma mémoire me lâche.
Un peu plus tard, je montai dans ma chambre avec Mark.
– Il y a quelque chose qui cloche avec Grand-Père Georges, déclara mon frère.
– C'est vrai. Ça me sidère ! répondis-je.
– Il a l'air si... si différent.
– Comme tout le monde dans cette maison, d'ailleurs, poursuivis-je. Excepté Stanley. Celui-là en est

toujours à nous jouer des tours idiots. C'est lui qui s'amuse à nous faire peur !
– Il faut l'ignorer, c'est tout, suggéra Mark. Faire comme si on ne le voyait pas. Il finira bien par arrêter de se balader partout déguisé en épouvantail. Il se sentira trop nul.
Je hochai la tête. Puis je souhaitai bonne nuit à mon frère et gagnai ma chambre.
« Ignorer les épouvantails », me dis-je en arrangeant l'oreiller de mon lit.
Oui, les ignorer. Arrêter de penser à ces trucs grotesques.
Stanley n'avait qu'à aller au diable.
Une fois dans mon lit, je tirai la couette jusque sous mon menton. Couchée sur le dos, j'observai les fissures du plafond, en essayant d'imaginer ce qu'elles pourraient représenter. Certaines auraient pu être des éclairs, d'autres, un vieillard barbu, vu de profil.
Je bâillai. J'étais morte de fatigue, mais je n'arrivais pas à m'endormir. Ce n'était que ma deuxième nuit à la ferme, et il me fallait toujours un peu de temps pour m'habituer à un autre lit que le mien.
Je me mis à compter les moutons. Sans succès. J'essayai avec des vaches. De grosses vaches paisibles, qui franchissaient lentement le portail de la ferme pour se rendre au pré.
J'en comptai cent : ça ne marchait pas non plus.
Je me tournai d'un côté. Puis de l'autre. Je pensai à ma meilleure amie, Sandra. Je me demandai si elle profitait bien de ses vacances.

Je passai en revue mes autres amis. La plupart d'entre eux, je le savais, n'étaient pas partis, et devaient s'ennuyer un peu.
Je jetai un coup d'œil sur le réveil. Presque minuit.
« Il faut que je m'endorme, me dis-je. Demain, je serai complètement crevée si je ne m'endors pas tout de suite. »
Je fermai les yeux et décidai de ne plus penser à rien. Faire le vide dans ma tête. Le vide absolu.
C'est alors que j'entendis un grincement.
Tout d'abord, je n'y prêtai pas attention. C'était sûrement la fenêtre qui était restée ouverte.
« Il faut que tu t'endormes, me dis-je, il faut que tu t'endormes. »
Le grincement s'amplifia.
Bientôt s'y ajouta comme un frottement.
Est-ce que ça venait vraiment de la fenêtre ?
J'ouvris les yeux. Des ombres dansaient au plafond.
Je me rendis compte que je retenais mon souffle et que j'écoutais avec angoisse.
Un autre grincement. Le frottement, de plus en plus près. Un frottement sec suivi d'un grognement sourd.
Involontairement, je poussai un petit cri.
Tout à coup, la pièce s'assombrit davantage. Je vis avec horreur une ombre à la fenêtre.
– Qui... qui est là ?
L'ombre grandit. Elle se découpait dans la lumière de la lune. Je distinguai une tête énorme, des épaules massives, une large poitrine.

L'ombre silencieuse pénétrait dans ma chambre.
– Au... Au secours !
Ma voix n'était plus qu'un râle étouffé. Mon cœur avait cessé de battre. Je ne respirais plus.
L'ombre franchit le rebord de la fenêtre et se mit à avancer.
J'entendis ses pas sur le sol : scratch, scratch, scratch...
Elle progressait lentement, avec raideur, vers mon lit.
Complètement paniquée, je voulus me lever. Je me pris un pied dans la couette et tombai par terre de tout mon long.
Je levai les yeux. La chose se rapprochait.
Je hurlai de terreur.
Lorsqu'elle sortit de l'ombre, je la reconnus. C'était...
– Grand-Père Georges ! m'écriai-je. Mais... Mais qu'est-ce que tu fais là ? ! Pourquoi es-tu entré par la fenêtre ?
Il ne répondit pas. Il me fixait avec des yeux d'un bleu glacé, le visage déformé par une affreuse grimace.
Puis il leva les bras au-dessus de moi. Je vis qu'il n'avait pas de mains.
La paille sortait des manches de sa chemise à carreaux.
De la paille !
– Grand-Père... Noooooon !

14

– Grand-Père... Pitié ! Non ! hurlai-je.

Il retroussa les lèvres en grognant, comme un chien qui s'apprête à mordre. Il était repoussant.

Ses yeux étaient froids, sans vie et ses mains de paille s'avançaient vers mon cou.

Je me levai d'un bond lorsque je sentis la paille m'effleurer le visage. Je reculai, la tête entre les mains.

– Grand-Père ! suppliai-je. Qu'est-ce que tu as ? Qu'est-ce qui t'est arrivé ?

Mon cœur cognait dans ma poitrine. Je claquais des dents.

En voyant que je lui échappais, mon grand-père me lança un regard sauvage.

Un nouveau cri, encore plus fort, sortit de ma gorge.

Épouvantée, je me précipitai vers la porte.

Il me suivit. En regardant le sol dans sa direction, je vis ses pieds.

Ils étaient de paille, eux aussi.

– Grand-Père Georges ! Grand-Père Georges ! Qu'est-ce qui t'est arrivé ?

Ma voix était tellement déformée par la terreur que je ne la reconnaissais plus.

Mon grand-père leva un bras avec fureur. Je sentis la paille m'écorcher le dos.

J'agrippai la poignée. La tournai. Tirai la porte.

Mes hurlements redoublèrent. Devant moi se trouvait Grand-Mère Miriam.

– Grand-Mère ! Au secours ! Je t'en supplie ! Il veut me tuer !

Son visage n'avait aucune expression. Elle me regardait comme une statue de marbre.

Un rayon de lune éclaira sa tête. Je vis que ses lunettes étaient simplement peintes sur ses yeux. Que tout – ses yeux, son nez, sa bouche –, tout était peint !

– Tu n'es pas ma grand-mère !

Soudain, tout devint noir. Mon grand-père s'était jeté sur moi.

15

Je me réveillai en suffoquant dans le noir.
Je mis un moment avant de me rendre compte que j'avais la tête sous l'oreiller. Je le jetai à l'autre bout du lit. Ma chemise de nuit était trempée de sueur.
Je levai les yeux vers la fenêtre. L'idée de voir à nouveau surgir quelque chose me paniquait.
Le vent faisait légèrement trembler les rideaux. Dehors, le jour se levait à peine. J'entendis un coq chanter.
Un cauchemar. Tout cela n'avait été qu'un affreux cauchemar. Je respirai profondément pour retrouver mon calme et posai un pied par terre.
Les premiers rayons du soleil illuminèrent le mur de ma chambre.
« Un mauvais rêve, me dis-je avec soulagement. Calme-toi, Julie. C'était juste un mauvais rêve. »
Quelqu'un bougeait en bas. Je pris dans l'armoire un jean délavé et un T-shirt bleu sans manches et m'habillai.

Mon allergie avait empiré : je voyais trouble et les yeux me piquaient. Je les frottai longtemps avant de regarder par la fenêtre.
Dehors, la grosse boule rouge du soleil s'élevait juste au-dessus du vieux pommier.
Derrière le jardin, dans le champ de maïs, des milliers de tiges vertes se dressaient au-dessus de l'herbe. Un peu partout, les épouvantails, raides, bras écartés, semblaient souhaiter la bienvenue au jour qui se levait.
Le coq chanta une seconde fois.
Quel cauchemar idiot ! Je secouai la tête pour le chasser de ma mémoire. Puis je me passai un coup de brosse dans les cheveux et descendis prendre mon petit déjeuner.
J'arrivai dans la cuisine en même temps que Mark. Grand-Mère Miriam était attablée, toute seule, devant un grand bol de thé. Elle regardait le lever du soleil par la fenêtre ouverte. Lorsqu'elle nous entendit, elle se retourna et nous sourit.
– Bonjour ! Vous êtes bien matinaux aujourd'hui !
J'avais très envie de lui parler de mon cauchemar. Mais, au lieu de cela, je demandai :
– Où est Grand-Père Georges ?
Sa chaise était vide, et son journal n'avait pas été ouvert.
– Ils sont tous partis de bonne heure, répondit ma grand-mère.
Elle se leva, se dirigea vers le garde-manger et nous apporta la même boîte de cornflakes que la veille.

Elle nous fit signe de nous asseoir.
– Belle journée, hein ? dit-elle joyeusement.
– Toujours pas de crêpes ? murmura Mark.
Le visage de Grand-Mère Miriam s'assombrit.
– J'ai... j'ai oublié la recette, bredouilla-t-elle.
Elle posa deux bols sur la table et sortit une bouteille de lait du réfrigérateur.
– Au fait, vous voulez du jus d'orange ? J'en ai préparé ce matin.
Elle posa le lait sur la table, à côté de mon bol, et me sourit. Ses yeux avaient l'air fatigués derrière ses lunettes carrées.
– J'espère que vous êtes contents de vos vacances, ajouta-t-elle doucement.
– Tout serait vraiment parfait s'il n'y avait pas Stanley, répliquai-je.
Ma grand-mère parut surprise.
– Stanley ?
– Il passe son temps à essayer de nous faire peur, lui expliquai-je.
– Tss-tss, fit ma grand-mère. Tu sais comment est Stanley !
Elle tapota ses cheveux avant d'ajouter :
– Alors, quel est votre programme pour aujourd'hui ? C'est un temps idéal pour faire du cheval, non ? Avant de partir, Grand-Père Georges a demandé à Henry de seller Betsy et Maggie.
– Ouais, génial ! s'écria Mark. Qu'est-ce que tu en dis, Julie ? On partirait avant la grosse chaleur.
– D'accord !

– Je sais que vous adorez vous promener à cheval le long du ruisseau, allez par là-bas ! dit encore Grand-Mère Miriam en rangeant la boîte de cornflakes.
Je la regardais aller et venir dans la pièce. J'observais ses cheveux roux, ses bras potelés, sa robe à fleurs.
– Tout va bien, Grand-Mère ?
Je posai cette question presque sans le vouloir.
– Tu es sûre que tout va bien, ici ?
Elle ne répondit pas. Elle baissa même les yeux, comme pour éviter mon regard interrogateur.
– Allez faire votre promenade, murmura-t-elle. Ne vous occupez pas de moi.

Grand-Père Georges a toujours surnommé Betsy et Maggie « les belles grises », sans doute parce que les deux juments avaient une robe d'un gris sans nuances. Elles n'avaient jamais été bien nerveuses, mais là, il fallut insister pour qu'elles acceptent de sortir de l'écurie.
À vrai dire, c'était des juments idéales pour nous autres, « gosses de la ville ».
Bien que Betsy avançât à la vitesse d'un escargot, je serrais fortement mes jambes contre ses flancs, de peur de tomber.
Nous avions repris le même chemin que la veille, le long du champ de maïs, en direction du petit bois. Le soleil n'était pas encore très haut dans le ciel, mais il faisait déjà une chaleur étouffante. De grosses mouches volaient autour de nous. Je pris les rênes

dans une main, et agitai l'autre pour les chasser.
– Je me demande si ces chevaux sont encore capables d'avancer au trot, s'écria Mark, qui me suivait de près.
– Essayons ! proposai-je, en agrippant les rênes plus fermement.
Je frappai légèrement le flanc de Betsy avec le talon de mes baskets.
– Au trot, ma belle, au trot ! Ouaaaah !
Je ne pus m'empêcher de crier, tellement j'étais surprise que la jument obéisse.
– Hééééé ! Du calme ! entendis-je Mark s'exclamer derrière moi.
Maggie s'était mise à trotter elle aussi.
Le bruit des sabots sur le sol devint de plus en plus rapide. Je rebondissais lourdement sur la selle, essayant de garder mon équilibre. Tout compte fait, mon idée n'était peut-être pas si bonne que ça ! Un de mes pieds glissa de l'étrier.
Soudain, une ombre noire surgit au milieu du chemin.
Betsy ne vit rien et continua de trotter.
Devant nous, l'ombre noire leva ses bras énormes.
Betsy hennit de terreur et se cabra.
J'eus le temps de reconnaître la chose qui nous barrait la route.
C'était un épouvantail. Un épouvantail grimaçant.

16

Betsy se cabra plusieurs fois en poussant des hennissements stridents. Mon pied ne retrouvait pas l'étrier. Je m'agrippais désespérément aux rênes, mais je finis par lâcher prise.

Je vis le ciel tourner au-dessus de ma tête et tombai lourdement sur le dos.

Le choc fut terrible. Mon corps tout entier fut envahi par une douleur insupportable.

Le ciel avait viré au rouge. Il y eut une sorte d'éclair, comme une explosion.

Puis, le rouge vira lentement, très lentement, au noir le plus complet.

À demi inconsciente, j'entendis des gémissements. Je reconnus la voix de Mark.

Incapable d'ouvrir les yeux, j'essayai d'articuler quelques mots. En vain.

– Ohhhhh !

Un autre gémissement, tout près de moi.

– M... Mark, balbutiai-je péniblement.

Mon dos était raide, mes épaules me faisaient incroyablement mal, et ma tête était prête à exploser.
– Mon poignet ! Je crois qu'il est cassé, dit Mark d'une voix tremblante.
– Toi aussi, tu es tombé ? lui demandai-je.
– Ben oui, qu'est-ce que tu crois... Aïe !
Il semblait sous le choc.
Je parvins enfin à ouvrir les yeux. Tout était flou. Je crus reconnaître le bleu du ciel.
Je me concentrai pour corriger ma vue.
Une main ! Une main se dressait au-dessus de mon visage !
Une main jaillissant d'un manteau noir en loques.
La main de l'épouvantail.
J'étais incapable de bouger, j'avais trop mal.
La main descendit lentement sur moi.

17

La main agrippa mon épaule.

Incapable de réagir, je sentais le contact rugueux remonter vers ma gorge...

Tout redevint net. Je reconnus enfin la tête qui se penchait sur moi.

– Henry ! m'écriai-je.

Agenouillé à mes côtés, les oreilles écarlates, Henry paraissait mort d'inquiétude. Il plaça délicatement ses mains sous mes épaules et me souleva.

– Henry, c'est toi !

Jamais de ma vie je n'avais été aussi soulagée. Je m'assis en grognant :

– Je crois que tout va bien, mais j'ai mal partout !

– Tu as fait une mauvaise chute, dit doucement Henry. J'étais dans le champ et je l'ai vu. J'ai vu l'épouvantail qui...

Il s'interrompit et leva des yeux effrayés.

Derrière moi, à quelques mètres, l'épouvantail gisait sur le chemin boueux, face contre terre.

– Je l'ai vu bondir, hoqueta Henry en tremblant de tous ses membres.

– Mon poignet..., gémit Mark.

Je me retournai. Mon frère était assis dans l'herbe, au bord du chemin, et se tenait le bras. Henry s'approcha de lui.

– Regardez, je crois que ça commence à enfler, dit-il en reniflant.

– Ouh là là, ça m'a l'air grave, commenta Henry en secouant la tête.

– C'est peut-être juste une foulure, suggérai-je pour rassurer Mark.

– Peut-être, approuva Henry. On ferait mieux de retourner à la ferme et de mettre de la glace dessus. Tu te sens capable de remonter sur Maggie, Mark ? Je monterai derrière toi.

– Et où est mon cheval ? m'exclamai-je en regardant autour de moi.

– Betsy est retournée au triple galop vers l'écurie. Je ne l'ai jamais vue courir aussi vite ! répondit Henry.

Il jeta à nouveau un regard sur l'épouvantail et frissonna.

Je fis quelques pas en me frictionnant les bras et le dos.

– Je crois que tout est en ordre, dis-je à Henry. Ça ira. Tu peux prendre Mark avec toi. Je rentrerai à pied.

Henry aida Mark à se relever, un peu brusquement. Je compris qu'il voulait quitter cet endroit le plus vite possible. Sans doute à cause de l'épouvantail.

Je les suivis du regard alors qu'ils regagnaient la

ferme. Henry, assis derrière Mark, tenait les rênes et faisait avancer Maggie le plus doucement possible. Je me massai encore un peu le cou pour calmer la douleur. J'avais mal à la tête. Mais à part ça, je me sentais mieux.

– J'ai vraiment eu de la chance, me dis-je tout haut.

Mes yeux se posèrent sur l'épouvantail couché en travers du chemin. Je me dirigeai vers lui.

Je lui donnai un coup de pied . La paille crissa sous le manteau.

Je lui en donnai un autre, plus fort, dans la tête.

Qu'est-ce que j'espérais ? Que l'épouvantail se mette à gémir ? Qu'il se relève et parte en courant ?

Avec un cri de rage, je le frappai une troisième fois. De toutes mes forces.

Je cognais, et cognais encore. J'étais folle de colère. La tête en toile du pantin se détacha et roula sur le chemin. La grimace de son visage n'avait pas bougé.

« Ce n'est qu'un vulgaire épouvantail que Stanley a jeté en travers du chemin », me dis-je en lui donnant un dernier coup de pied qui fit voler toute la paille hors de sa poitrine.

« Il aurait pu nous tuer, cet imbécile. Nous avons eu de la chance de nous en sortir comme ça. »

Stanley. Ça ne pouvait être que lui. Mais pourquoi ? Pourquoi avait-il fait ça ?

Cette fois-ci, c'était plus qu'une simple plaisanterie. Stanley savait que ça aurait pu très mal tourner.

18

Ni Henry ni Stanley ne déjeunèrent avec nous. Grand-Père Georges nous expliqua qu'ils étaient partis en ville faire des courses.

Le poignet de Mark était simplement foulé. Grand-Mère Miriam, avec une compresse de glace, l'avait fait rapidement désenfler. Cela n'empêcha pas Mark de gémir et de se plaindre pendant tout le repas. Il en faisait vraiment un peu trop.

– Je ne pourrai faire rien d'autre pendant un semaine que rester couché sur le canapé et regarder la télévision, c'est sûr, dit-il avec un air de chien battu.

En réalité, cela lui convenait parfaitement, je le savais.

Grand-Mère Miriam nous servit des sandwiches au jambon et de la salade de chou cru. Tout comme mon frère, je me jetai dessus. Ces émotions nous avaient creusé l'estomac.

Pendant que je mangeais, je décidai de tout raconter à Grand-Père Georges. J'en avais assez de me taire.

Je lui racontai comment Stanley faisait bouger les épouvantails la nuit, comment il essayait de nous faire peur, à Mark et à moi, en nous faisant croire que les épouvantails étaient vivants.

Un éclair de panique traversa les yeux de mon grand-père. Cela dura une fraction de seconde. Puis il se frotta machinalement le menton, le regard absent.

– Stanley a ses petits défauts, il aime plaisanter, finit-il par dire en souriant. Vous le connaissez !

– Ce ne sont pas des plaisanteries, insistai-je. Il essaie vraiment de nous faire peur, tu comprends ?

Mark se joignit à moi :

– Tu sais, ce matin, il aurait pu nous tuer !

– Stanley est un bon garçon, l'interrompit Grand-Mère Miriam.

Elle souriait, elle aussi. Son regard croisa celui de Grand-Père Georges.

– Stanley n'a aucune envie de vous tuer, voyons, ajouta mon grand-père. Il aime bien rigoler, c'est tout.

Sa voix était étrangement calme, comme celle de Grand-Mère d'ailleurs. Tout cela ne semblait absolument pas les alarmer.

– Ah ça, pour rigoler, on a rigolé ! dis-je avec mauvaise humeur.

– On était morts de rire, renchérit Mark sur le même ton. Non mais, vous avez vu mon poignet ? !

Nos grands-parents se contentèrent de répondre par un sourire. Leurs visages étaient aussi figés que ceux des épouvantails.

Après le déjeuner, Mark s'allongea sur le canapé. Il avait effectivement l'intention de passer le reste de la journée devant la télévision. Il faut dire qu'il avait une excuse en or !

J'entendis la camionnette d'Henry entrer dans la cour. Je décidai d'aller voir Stanley et lui dire que j'en avais vraiment marre de ses blagues débiles.

Lorsque je sortis, Henry et son fils n'étaient déjà plus dans la cour. Je traversai le jardin en direction de leur maison.

Je frappai à la porte en respirant profondément. Je rejetai mes cheveux en arrière et attendis. Pas de réponse.

J'essayais de réfléchir à ce que j'allais dire à Stanley, mais j'étais trop agitée pour penser à quoi que ce soit. Mon cœur se mit à battre plus fort. Ma respiration devint plus rapide.

Je frappai à nouveau, plus fort. Personne ne répondit.

Je me dirigeai vers le champ de maïs.

Aucune trace de Stanley.

J'allai voir du côté de la grange. La porte était grande ouverte. Devant, deux énormes corneilles semblaient monter la garde. Elles s'envolèrent lourdement à mon approche.

– Hé, Stanley ! criai-je en entrant dans le bâtiment.

Pas le moindre signe de vie. Comme il y faisait noir, j'attendis que mes yeux s'adaptent à l'obscurité.

Me souvenant de ce qui m'était arrivé la veille au même endroit, j'avançai en hésitant.

– Stanley, tu es là ?

Mes yeux essayaient de distinguer quelque chose. Dans un coin, je vis une vieille moissonneuse. Plus loin, posée contre le mur, une brouette. Je ne les avais jamais remarquées jusque-là.
– Je parie qu'il n'est pas là, dis-je tout haut.
En passant devant la brouette, je remarquai autre chose de nouveau : une pile de vieux habits et un tas de sacs en toile vides.
J'en ramassai un. Quelqu'un y avait peint un visage grimaçant.
– Ce sont les prochains épouvantails d'Henry, murmurai-je. Je me demande combien il compte encore en fabriquer. Tiens, qu'est-ce que c'est que ça ?
Dans un coin, quelque chose de bizarre venait d'attirer mon attention. Je m'approchai pour voir ça de plus près.
Des torches, au moins une douzaine de torches. Et à côté, un grand bidon d'essence. Rempli.
« Qu'est-ce que ces trucs peuvent bien faire là ? » me demandai-je, inquiète.
Soudain, j'entendis un bruit de paille froissée. Une ombre se glissait derrière une poutre. Je n'étais plus seule. Je me tournai brusquement :
– Stanley ! Sors de là ! Tu essaies encore de me faire peur !
C'était bien lui. Son visage était à moitié caché dans l'obscurité et ses longs cheveux noirs lui tombaient sur le front.
Son regard me glaça de terreur.
– Je t'avais prévenue, dit-il entre ses dents.

19

Un long frisson me parcourut. Je me dirigeai en hâte vers la lumière de la porte.

– Stanley, je... je te cherchais, bredouillai-je. C'était juste pour te demander de ne plus...

– Je t'avais prévenue, m'interrompit-il d'une voix grave. Je vous ai prévenus tous les deux. Il fallait partir d'ici et retourner chez vous !

– Mais pourquoi ? Qu'est-ce qui se passe, Stanley ? Qu'est-ce qu'on t'a fait ?

– Je ne cherche pas à vous faire peur, dit-il en regardant nerveusement vers la porte de la grange.

– Hein ?

– Je t'assure ! insista-t-il.

– Menteur ! Tu me prends pour une débile ? Je sais que c'est toi qui as jeté l'épouvantail sur le chemin ce matin.

– Je ne sais absolument pas de quoi tu veux parler, dit-il froidement. Mais je te préviens...

Un bruit venu de la porte le fit s'arrêter net.

Henry venait d'entrer. Il scrutait l'intérieur de la grange en cherchant son fils.
– Stanley, tu es là ? appela-t-il.
Stanley semblait paniqué. Il avala sa salive.
– Je... Je dois y aller, murmura-t-il avec angoisse.
Et il tourna les talons.
– Je suis là, Papa, dit-il tout haut. Le tracteur est prêt ?
Henry ne m'avait pas vue. Je les vis sortir tous les deux de la grange. Stanley ne s'était pas retourné.
Seule dans l'obscurité, j'essayais de réfléchir.
Stanley mentait, c'était certain.
Je savais que c'était lui qui avait fait bouger les épouvantails l'autre nuit. Je savais qu'il s'était déguisé pour me faire peur dans la forêt et dans la grange. Et je savais qu'il avait jeté cet épouvantail en travers du chemin, ce matin.
Trop, c'était trop. Maintenant, ce serait son tour. Ce serait au tour de Stanley d'avoir peur. La peur de sa vie.

20

– Je ne peux pas faire ça, impossible ! protesta Mark.
Je cherchais à le convaincre :
– Mais si, tu peux. Tu verras, ça sera génial !
– Mais mon poignet me fait encore mal ! Il faut que je fasse attention.
– Aucun problème ! De toute façon tu n'as pas besoin de ton poignet pour ça.
Il allait protester davantage, mais tout à coup un grand sourire éclaira son visage. Ses yeux brillèrent malicieusement et il déclara :
– Bien sûr que c'est une idée géniale ! Puisque c'est moi qui l'ai eue en premier.
Nous étions devant la porte de la grange. J'y avais entraîné Mark dès que Grand-Père et Grand-Mère s'étaient couchés.
La pleine lune nous éclairait de sa lumière blanche.
On entendait une chouette hululer à proximité.
C'était une belle nuit d'été. L'herbe était couverte d'une rosée étincelante. Une brise légère faisait

frémir les arbres. On y voyait presque comme en plein jour.

– Attends-moi là, lui ordonnai-je.

Je me précipitai dans la grange pour y chercher ce qu'il nous fallait.

La nuit, elle était encore plus sinistre. J'entendais de légers battements d'ailes : des chauves-souris ?

L'une d'elles frôla ma tête. Elle poussa un petit cri, qui résonna dans l'espace vide.

Je ramassai un des vieux manteaux qui traînaient par terre. Puis je saisis un des sacs en toile et sortis en vitesse retrouver Mark.

Je lui rappelai les détails de mon plan pour nous venger de Stanley.

En fait, c'était très simple. Il s'agissait de déguiser Mark en épouvantail et de le placer au milieu du champ. Ensuite je devais aller frapper chez Stanley, pour lui dire que j'avais vu quelque chose de terrible. Je lui demanderais de me suivre dans le champ et là, il tomberait sur Mark qui se mettrait à gesticuler comme un beau diable.

Stanley allait en faire une tête ! Je m'en réjouissais d'avance.

Bref, c'était un plan simple, mais sûrement efficace pour que Stanley arrête de nous terroriser.

Je recouvris la tête de Mark avec le sac. Des yeux noirs et menaçants me fixèrent. Je ramassai de la paille et me mis à en bourrer le sac.

– Hé ! Arrête, ça pique ! s'écria Mark.

– Tant pis ! répliquai-je. Il faut que tu aies l'air d'un

vrai épouvantail, sinon, Stanley ne tombera pas dans le panneau. Et arrête de bouger, tu veux ?

Une fois le rembourrage terminé, j'aidai mon frère à enfiler le grand manteau noir.

– Je ne peux pas, se lamenta Mark. Ça pique trop, et puis, j'arrive plus à respirer !

– Si tu ne pouvais plus respirer, tu ne serais pas en train de te plaindre ! dis-je fermement.

Je mis de la paille également dans les manches, et je m'arrangeai pour qu'elle recouvre les mains de Mark. Puis je bourrai l'intérieur du manteau. Mark n'arrêtait pas de gigoter.

– Est-ce que tu vas te calmer ! murmurai-je avec sévérité. C'est déjà assez difficile comme ça !

Mark continuait à marmonner pendant que je terminais de le déguiser. Je le consolai :

– Essaie d'imaginer la frousse que nous allons lui flanquer ! Il va croire que tu es un épouvantail vivant !

J'avais de la paille partout. Sur les mains, dans les cheveux, sur mon sweat-shirt, mon jean. J'éternuai. Une fois. Une seconde fois. J'étais terriblement excitée. J'avais tellement hâte de voir la tête horrifiée de Stanley et de prendre ma revanche !

– Et le chapeau ? demanda Mark, raide comme un piquet.

– Hmmmmm... Laisse-moi réfléchir.

Je n'avais pas vu le moindre chapeau dans la grange. Une idée me vint tout à coup à l'esprit :

– Je sais ! On en prendra un au passage sur un épouvantail.

Je reculai de quelques pas pour admirer mon travail. Ça commençait à être vraiment bien, mais il fallait davantage de paille. Je rembourrai le manteau à en faire presque craquer les boutons.
– Génial ! Maintenant, n'oublie pas de rester bien droit, sans bouger, les bras écartés !
– De toute façon, je n'ai pas le choix ! se plaignit mon frère. Impossible de faire le moindre mouvement !
– C'est parfait, tant mieux !
J'inspectai mon travail une dernière fois :
– C'est bon, tu es prêt.
– De quoi j'ai l'air ? demanda Mark.
– D'un épouvantail nain !
– Je suis si petit que ça ?
– Ne t'inquiète pas, lui annonçai-je. On va t'attacher au sommet d'un pieu et tout sera arrangé !
– Ça va pas, t'es folle ?
J'éclatai de rire :
– Mais non, je rigole !
Je le poussai en direction du champ de maïs. Mark était plus raide qu'un bout de bois.
– Tu crois que ça va marcher ? demanda-t-il encore d'une voix sourde. Tu crois que Stanley aura vraiment peur ?
Je hochai la tête en souriant :
– Ne t'en fais pas. Il va avoir la trouille de sa vie.
Je ne savais pas encore qu'il ne devait pas être le seul !

21

Je menai Mark en direction du champ. La lune nous éclairait de sa lumière blanche. Une brise légère faisait frémir les longues tiges de maïs.

Mark ressemblait tellement à un épouvantail qu'il me faisait un peu peur. Des touffes de paille sortaient du col et des manches de son manteau, qui pendait jusqu'à ses chevilles.

Je réussis à trouver un petit passage entre les tiges, et m'y faufilai, en poussant mon frère devant moi. Les épis, agités par le vent, se penchaient au-dessus de nos têtes comme s'ils voulaient nous assommer.

Tout à coup il y eut une sorte de craquement bizarre.

Je retins ma respiration.

Des pas ?

Un frisson me parcourut. Je stoppai net.

Le vent faisait ployer les tiges de plus en plus bas.

Les épis mûrs se balançaient lourdement, se heurtant les uns les autres dans une sorte de gémissement.

Craaaaaac... Craaaaaac...

Le maïs s'agitait tellement tout autour que j'en avais le vertige.
À nouveau, le même bruit se fit entendre. C'était un craquement très léger.
Et très proche.
– Hé, lâche-moi ! murmura Mark.
Je me rendis compte que j'avais agrippé son bras et que je le serrais de plus en plus fort.
Je le lâchai. Et tendis l'oreille.
– Tu entends ? murmurai-je à Mark. Ce bruit...
Craaaaac... Craaaaac...
Les tiges continuaient à se balancer dans le vent.
Soudain, l'une d'entre elles s'écarta, juste à côté de nous.
J'étais morte de peur. Mon cœur cognait dans ma poitrine.
Je baissai les yeux en direction du sol.
Oh !
Je vis un énorme rat des champs se faufiler entre les tiges et disparaître en un éclair, surpris par notre présence.
– Un rat ! Mark, c'était juste un gros rat !
Je poussai un soupir de soulagement. C'était ridicule de s'effrayer comme ça !
Mark commençait à s'impatienter :
– Bon, alors, on continue ? On voit bien que tu n'es pas à ma place !
Il voulut lever une main pour se gratter le visage. Je l'en empêchai.
– Non ! Tu vas faire sortir toute la paille !

– Mais il y a des milliers de fourmis qui se baladent sur ma tête ! gémit-il. J'en peux plus, moi ! Et en plus, je ne vois rien ! Les trous pour les yeux sont trop petits.
– Tais-toi et avance ! Tu m'énerves à la fin ! Tu veux faire peur à Stanley, oui ou non ?
Mark ne répondit rien et se laissa mener plus profondément dans le champ.
Soudain une ombre énorme se dressa devant nous. Je sursautai de terreur. C'était un épouvantail, bien sûr !
– Alors ? Comment ça va ? lançai-je pour me calmer. Je pris sa main de paille et la secouai vigoureusement.
– Tu permets que j'emprunte ton chapeau ? dis-je en essayant de l'attraper.
Le chapeau tomba par terre. Je le ramassai puis l'enfonçai sur la tête de Mark.
– Hé, doucement ! protesta mon frère.
– Il faut que ça tienne !
– Je vais devenir fou, Julie ! Ça me gratte partout. Tu ne veux pas me frotter le dos ? Juste un peu... S'il te plaît ! Ça pique trop, c'est insupportable !
Il me faisait pitié. Je lui grattai un peu le dos.
– Là ! Tourne-toi un peu maintenant ! lui ordonnai-je pour inspecter une dernière fois son accoutrement.
C'était parfait. Il avait l'air plus vrai que nature.
Je l'installai sur une petite motte de terre entre deux tiges de maïs.
– Bon ! Tu ne bouges plus ! Et quand tu m'entendras

arriver avec Stanley, tu lèveras les bras bien haut. Rien que les bras, compris ?
– Ouiiii ! Je ne suis pas idiot, marmonna Mark. Je sais comment ça se comporte, un épouvantail. Mais je t'en supplie, dépêche-toi !
– J'y vais !
Je tournai les talons et fis le chemin en sens inverse.

J'arrivai hors d'haleine devant la maison d'Henry. Une faible lumière brillait derrière une fenêtre. À part cela, tout était sombre.
J'hésitai à m'approcher. Je tendis l'oreille. Aucun bruit.
Comment faire sortir Stanley seul, sans son père ? Je ne voulais pas effrayer Henry. Il était trop gentil. Tout ce que je voulais, c'était faire peur à Stanley. Lui donner une leçon. Lui faire comprendre que Mark et moi, on avait beau être des « gosses de la ville », on savait tout de même se défendre.
Le vent souffla dans mes cheveux. Derrière moi, j'entendais se balancer les tiges de maïs.
Je frissonnai.
Prenant une grande inspiration, je frappai à la porte.
Un bruit inattendu me fit me retourner.
– Hé... ! m'écriai-je.
Je vis quelqu'un courir sur l'herbe. Il courait d'une manière étrange, par petits bonds saccadés.
Mark ? Mais qu'est-ce qu'il faisait là ?
Aucun doute, c'était lui. Je reconnus le grand manteau noir en loques, le chapeau mou...

« Mais qu'est-ce qu'il fabrique ? », me demandai-je en le voyant approcher.
Pourquoi m'avait-il suivie ?
Il allait tout faire rater, cet imbécile !
Je le vis lever sa main couverte de paille dans ma direction. Il courait toujours.
– Mark... Qu'est-ce qui se passe ? chuchotai-je assez fort.
Sa main continuait à s'agiter. Il s'approchait de plus en plus.
– Retourne immédiatement d'où tu viens ! Qu'est-ce qui te prend de me suivre ? Tu vas tout faire rater !
Je lui fis signe de retourner vers le champ. En vain.
Il n'était plus qu'à quelques mètres de moi. De gros paquets de paille s'échappaient de son costume.
– S'il te plaît ! Fais demi-tour ! Retourne dans le champ !
Il s'arrêta net à ma hauteur et ses mains agrippèrent fermement mes épaules.
Je constatai avec horreur qu'il était deux fois plus grand que Mark.

22

Je poussai un hurlement de terreur et tentai de me dégager.
Mais l'épouvantail ne lâchait pas prise.
– Stanley... C'est toi ? articulai-je avec frayeur.
Pas de réponse.
Je regardai la surface peinte du sac de toile. Derrière le visage grimaçant, pas la moindre trace d'yeux humains !
Les mains de paille se resserraient lentement sur ma gorge.
J'ouvris la bouche pour hurler. Aucun son n'en sortit.
À ce moment, la porte de la maison d'Henry s'ouvrit violemment.
– Stanley !... parvins-je encore à hoqueter.
Stanley dévala les marches du perron :
– Bon sang, mais qu'est-ce qui se... !
Sans terminer sa phrase, il se rua sur l'épouvantail, l'agrippa par les épaules et le jeta de toutes ses forces

par terre. Sous le choc, la tête du pantin se détacha et roula sur le sol.

– Oh ! Nooon ! criai-je, la main sur ma gorge meurtrie.

Stanley se baissa et arracha le sac de toile qui recouvrait la tête du pantin.

Il n'y avait rien en dessous. Rien que de la paille.

– C'est... C'était un véritable épouvantail ! hurlai-je. Mais... Mais il marchait !

– Je t'avais prévenue, dit Stanley d'une voix grave, sans quitter du regard la créature qu'il venait de décapiter. Je t'avais prévenue, Julie !

– Tu veux dire que ce n'était pas toi ? Ce n'était pas toi qui essayais de nous faire peur ?

Stanley secoua la tête, et leva vers moi ses yeux sombres :

– C'est papa qui les a rendus vivants, murmura-t-il. La semaine dernière, juste avant votre arrivée. Il s'est servi de son livre. Il a prononcé une formule magique, et ils se sont tous mis à vivre.

– Quelle horreur ! balbutiai-je.

– On a tous eu une de ces peurs ! poursuivit Stanley. Surtout tes grands-parents. Ils ont supplié mon père de prononcer la formule inverse pour que ces monstres redeviennent de simples pantins.

– Et il l'a fait ?

– Oui, il a accepté. Mais sous certaines conditions. Tes grands-parents ont dû promettre de ne plus jamais se moquer de lui et de faire tout ce qu'il leur demanderait.

Stanley soupira profondément. Il tourna la tête vers la fenêtre éclairée.

– Tu as dû remarquer à quel point les choses ont changé ici. À quel point tes grands-parents ont l'air terrorisés.

Je baissai les yeux.

– Bien sûr que je l'ai remarqué !

– Ils font tout pour mettre mon père de bonne humeur, continua Stanley. Ils n'ont jamais été aussi gentils et aimables avec lui. Ta grand-mère ne cuisine plus que ce qu'il aime. Et ton grand-père ne raconte plus aucune histoire d'épouvante parce qu'il sait que papa ne les aime pas.

Je n'en croyais pas mes oreilles.

– Mais... Ils ont si peur que ça d'Henry ?

– Ils ont surtout peur que papa fasse à nouveau revivre les épouvantails. Seulement..., dit Stanley en avalant sa salive, il y a un problème...

– Quoi, quel problème ?

– Eh bien, je ne l'ai pas encore dit à mon père. Les épouvantails...

– Quoi, les épouvantails ? insistai-je.

– La formule inverse... Ça n'a pas marché pour tous les épouvantails. Certains sont restés vivants...

23

La porte de la maison s'ouvrit une seconde fois. Je poussai un cri en reculant de quelques pas.

Dans le rectangle éclairé se tenait Henry. Il parut surpris de nous voir, Stanley et moi. Mais soudain ses yeux se remplirent de terreur : il avait découvert l'épouvantail décapité.

Noooon ! hurla-t-il en tremblant comme une feuille. Il... il marche ! Il est encore vivant !

– Non, Papa, non ! s'écria Stanley.

Mais Henry ne l'écoutait pas. Il se rua à l'intérieur de la maison.

Avant que Stanley ait pu le rejoindre, il était de retour devant la porte, son livre de sorcellerie à la main.

– Les épouvantails s'animent toujours ! gémit Henry. Il faut que je les reprenne en main. Ils n'obéissent plus !

Il était complètement paniqué. Il avait du mal à contrôler ses gestes. Sans plus s'occuper de nous, il se précipita en direction du champs de maïs.

Stanley le suivit pour essayer de le calmer.
– Non, Papa ! Attends ! s'écria-t-il, désespéré. C'est moi qui ai amené l'épouvantail ici, moi ! Il n'a pas marché ! Il n'était pas vivant !
Henry poursuivait sa course folle, sans prêter attention à son fils.
– Il faut que je les reprenne en main, répéta-t-il. Que je redevienne le chef ! Je vais tous les réveiller pour avoir le contrôle sur eux ! C'est écrit dans le livre.
Il s'arrêta et se tourna vers Stanley :
– Ne t'approche pas ! Reste où tu es ! Ne t'avise pas de faire le moindre geste avant que j'aie prononcé la formule. Après, tu pourras venir !
– Papa, je t'en supplie, écoute-moi ! s'écria Stanley. Les épouvantails sont tous endormis, tous ! Ne les réveille pas !
À quelques mètres du champ, Henry stoppa une seconde fois, se retourna, et observa attentivement le visage de son fils.
– Tu es sûr ? demanda-t-il d'une voix incertaine. Tu es bien sûr que je les contrôle tous ? Sûr qu'ils ne s'animent plus ?
Stanley, essoufflé, hocha la tête.
– Oui, Papa, j'en suis sûr. Absolument sûr.
Mais Henry continuait à regarder Stanley comme s'il n'arrivait pas à y croire.
– Je n'ai pas besoin de prononcer la formule, alors ? demanda-t-il avec un soupçon dans la voix en regardant le champ de maïs.
– Non, Papa, tout est en ordre, tu les contrôles bien

tous, répéta doucement Stanley. Ils dorment. Tu peux ranger ton livre. Ils ne bougeront plus jamais.

Henry parut soulagé. Il sourit en soulevant le livre.

– Jamais ?

– Jamais ! lui assura Stanley.

C'est à ce moment précis que Mark apparut entre les tiges, dans son costume d'épouvantail.

24

– On peut savoir ce que vous faites ? appela-t-il.

Henry poussa un hurlement strident tandis que ses yeux s'agrandirent d'horreur.

– Nooon !

– Papa, s'il te plaît... ! s'écria Stanley

Trop tard.

Henry, brandissant son livre au-dessus de sa tête, se précipita vers le champ. Il hurla :

– Ils marchent ! Les épouvantails marchent !

Mark souleva le sac qui lui recouvrait la tête.

– J'ai bien l'impression que tout est raté, constata-t-il. Alors, on ne joue plus ? Qu'est-ce qui s'est passé ?

Je n'eus pas le temps de lui répondre.

Stanley s'était tourné vers moi. Une profonde angoisse se lisait sur son visage.

– Il faut absolument l'arrêter !

Il se rua à la poursuite de son père qui avait déjà disparu dans le maïs.

Mon allergie empirait. Je n'arrêtais pas de me frotter les yeux pour essayer d'y voir plus clair. Toutes les choses autour de moi étaient plongées dans un brouillard gris et noir.

– Ah !

En reculant, je heurtai un gros caillou et je m'étalai de tout mon long. Mark, juste derrière, manqua de trébucher sur moi.

Il se pencha et m'aida à me relever. Le dos et les épaules me faisaient très mal.

– Par où sont-ils partis ? demandai-je, le souffle à moitié coupé.

– Par... par là-bas, je crois, balbutia-t-il. Tu peux me dire ce qui se passe ici ? Raconte-moi !

– Plus tard ! Il faut d'abord arrêter Henry. Coûte que coûte !

La voix d'Henry s'éleva au-dessus du champ. Il ne devait pas être très loin. Il vociférait des paroles étranges, qui nous donnèrent le frisson, à Mark et à moi.

– C'est... C'est une formule magique de son bouquin ou quoi ? demanda mon frère.

Sans lui répondre, je me précipitai vers l'endroit d'où provenait la voix. C'était facile. Henry hurlait si fort qu'on devait l'entendre à des kilomètres à la ronde.

Et Stanley, que faisait-il ?

Pourquoi n'avait-il pas réussi à calmer son père ?

Je me faufilai parmi les tiges de maïs, les yeux complètement enflés, incapable de voir quoi que ce soit.

Dans une partie défrichée du champ, je tombai sur Henry et Stanley. Devant eux se dressaient deux épouvantails montés sur leurs pieux.
Henry avait les yeux rivés sur son livre. Il prononçait ses formules magiques en suivant le texte du doigt. Stanley, quant à lui, était comme cloué au sol. Il semblait paralysé par la terreur.
Les épouvantails se tenaient parfaitement immobiles, le regard sans vie sous leurs chapeaux noirs. Mark me rejoignit au moment même où Henry s'arrêtait de réciter et refermait le livre avec un bruit sec.
– Voilà, annonça-t-il triomphalement. Dans quelques instants, ils vont redevenir vivants !
Tout à coup, Stanley se mit à bouger, comme s'il s'éveillait d'un profond sommeil. Il secoua plusieurs fois la tête et se frotta les yeux.
Nous avions le regard fixé sur les épouvantails. Ils ne donnaient pas le moindre signe de vie.
De gros nuages cachaient par moments la lune, créant un jeu d'ombre et de lumière sur le champ. J'essayai de distinguer quelque chose.
Un lourd silence régnait autour de nous. Le seul bruit qu'on entendait était celui de la respiration haletante d'Henry. De temps en temps, il avalait sa salive, dans l'attente angoissée de voir les épouvantails se mettre à remuer.
Je ne sais pas combien de temps nous sommes restés à observer les épouvantails, la peur au ventre. Toujours est-il que rien ne se produisit.

– Ça n'a pas marché, finit par marmonner Henry. J'ai dû me tromper quelque part. Je n'ai pas bien prononcé la formule.
Un large sourire apparut sur le visage de Stanley. Il se tourna vers moi.
– Ça n'a pas marché ! s'exclama-t-il joyeusement.
C'est alors que j'entendis le bruit caractéristique de la paille froissée.
Scratch, scratch, scratch.
Lentement, très lentement, les épaules des épouvantails commencèrent à bouger.
Je vis leurs yeux s'illuminer et leur tête se pencher en avant.
Scratch, scratch, scratch.
La paille crissa lorsqu'ils se dégagèrent de leur pieu pour se laisser glisser lentement sur le sol.

25

– Vite ! Courez prévenir vos grands-parents ! s'écria Stanley. Dites-leur ce que papa a fait !

Pétrifiés d'horreur, Mark et moi étions incapables de faire le moindre mouvement. Nos yeux fixaient les épouvantails, qui étiraient les bras et remuaient la tête comme s'ils sortaient d'un long sommeil.

– Julie... Regarde ! balbutia Mark.

Il pointa un doigt en direction du champ.

C'était une vision d'horreur. Un peu partout autour de nous, les épouvantails commençaient à s'étirer, à gesticuler, à essayer de se dégager des pieux qui les retenaient prisonniers.

Ils étaient plus d'une douzaine à retrouver la vie.

– Vite ! cria Stanley une seconde fois. Allez prévenir vos grands-parents !

Henry, immobile, agrippait son livre des deux mains. Il observait le spectacle avec fascination, hochant la tête, savourant son triomphe.

Stanley me poussa rudement, le visage crispé :

– Mais qu'est-ce que tu attends ? ! Cours ! Dépêche-toi !
Les épouvantails remuaient la tête d'arrière en avant, écartaient les bras, couvrant le silence de la nuit d'un bruit de paille froissée.
Je dus me forcer à détourner les yeux. Prenant Mark par la main, je me mis à courir de toutes mes forces à travers les tiges de maïs, tête baissée, sans un mot. Le pré... La maison d'Henry... La grange, sombre et mystérieuse... Enfin la ferme se dressa devant nous. Elle était plongée dans le noir. Seule une petite lueur éclairait le porche.
– Regarde ! s'écria Mark.
Nos grands-parents avaient dû entendre nos cris. Ils nous attendaient devant la porte.
– Les épouvantails... ! hurlai-je, hors d'haleine.
– Ils bougent ! renchérit Mark. Henry... Il les a...
Les yeux de Grand-Père Georges se remplirent de terreur.
– Vous vous êtes moqués de lui ? demanda-t-il d'une voix tremblante. Qui s'est moqué de lui ? Il avait promis qu'il ne recommencerait plus si on arrêtait de se moquer de lui !
– C'était un accident ! lui expliquai-je. Henry n'a pas compris... Je te le jure !
– Nous qui avons fait tant d'efforts pour ne pas le contrarier ! soupira Grand-Mère Miriam. Tant d'efforts...
– Je ne pensais pas qu'il allait recommencer, ajouta Grand-Père.

Il avait l'air d'avoir compris à quel point c'était dangereux.

Grand-Mère Miriam s'adressa à Mark :

– Qu'est-ce que c'est que cet accoutrement ?

J'avais complètement oublié que Mark portait toujours son costume d'épouvantail. J'aurais voulu disparaître sous terre, tellement j'avais honte.

– Mark, tu t'es déguisé en épouvantail pour faire peur à Henry ? demanda Grand-Mère.

– Non ! s'écria Mark. C'était une blague ! Une blague, tout simplement !

– On voulait faire peur à Stanley, expliquai-je. Mais Henry a vu Mark, et...

Je stoppai net en voyant de grandes ombres noires surgir du champ de maïs.

Sous la lumière de la lune, je reconnus Henry et Stanley. Ils couraient à toute vitesse. Henry serrait son livre contre lui. Son pied glissa sur l'herbe mouillée et il tomba.

Derrière lui, à quelques mètres, apparaissaient les épouvantails... Ils avançaient comme des robots, par petits bonds raides et silencieux.

Leurs bras de paille étaient tendus en avant, comme pour mieux rattraper les fuyards. Leurs yeux noirs étincelaient de colère. Ils étaient une douzaine, enveloppés dans leurs longs manteaux noirs, d'où s'échappaient des touffes de paille.

Ils progressaient, lentement mais sûrement.

Grand-Mère Miriam, glacée d'horreur, saisit mon bras et le serra de toutes ses forces.

N'en pouvant plus, Henry se mit à genoux dans l'herbe. Stanley fit demi-tour et aida son père à se relever. Ils reprirent leur course. Henry boitait. Il était défiguré par la frayeur : les épouvantails étaient à deux doigts de se saisir de lui. À deux doigts...
– Aidez-nous ! Par pitié ! hurla Henry.
– Mon Dieu, mais on ne peut rien faire ! entendis-je murmurer.
C'était mon grand-père. Il avait prononcé ces mots d'une voix résignée.

26

Serrés les uns contre les autres, nous regardions, impuissants, l'horrible progression des épouvantails derrière Henry et Stanley.

Grand-Mère ne lâchait pas mon bras. Sa main était glacée. Grand-Père se courbait de plus en plus sur sa canne, les genoux tremblants.

– Ils ne m'obéissent pas ! vociféra Henry.

Il s'arrêta devant nous, hors d'haleine, en tenant toujours son livre.

Claquant des dents, il essayait de reprendre son souffle. Malgré la fraîcheur de la nuit, de grosses gouttes de sueur dégoulinaient de son front.

– Ils ne veulent plus m'écouter ! s'écria-t-il. Et pourtant, ils doivent m'obéir ! C'est dans le livre !

Stanley s'arrêta à côté de son père. Il se retourna pour voir les épouvantails qui se rapprochaient, se rapprochaient...

– Qu'est-ce que tu vas faire ? cria-t-il à son père. Il faut que tu fasses quelque chose !

– Ils sont vivants ! glapit Henry. Vivants !
– Que dit le livre ? demanda Grand-Père Georges.
– Vivants ! Tous, vivants ! ne cessait de répéter Henry.
Il ne se maîtrisait plus. Dans ses yeux se lisait la panique la plus complète.
– Henry, écoute-moi ! ordonna mon grand-père.
Il prit Henry par les épaules et le secoua vivement.
– Regarde-moi ! Qu'est-ce qui est écrit dans le livre ? Qu'est-ce qu'il faut faire pour avoir le contrôle des épouvantails ?
– Vivants... bégayait Henry. Vivants, tous !
– Henry ! Le livre ! Qu'est-ce qu'il dit ? !
La voix de mon grand-père se faisait de plus en plus menaçante.
– Je... Je ne sais pas, murmura Henry.
Les épouvantails étaient à une vingtaine de mètres. Ils avaient formé une ligne, les bras tendus en avant, prêts à s'abattre sur nous.
Des touffes entières de paille s'échappaient de leurs costumes. On aurait dit qu'ils fondaient.
Mais ils continuaient à se rapprocher de nous. Toujours plus. Ils regardaient droit devant eux, dans le vide. Leurs bouches faisaient d'affreuses grimaces.
– Stop ! vociféra Henry en brandissant le livre. Je vous ordonne de vous arrêter !
C'était peine perdue. Par petits bonds silencieux, les épouvantails poursuivaient leur avancée.
– Stop ! hurla Henry d'une voix suraiguë. C'est grâce à moi que vous êtes vivants. Vous m'apparte-

nez ! Je vous ordonne de vous arrêter !
Leurs yeux fixaient le vide, droit devant eux. Leurs bras menaçants étaient tendus vers nous. Plus que quinze mètres... Plus que dix... C'était affreux.
– Stop ! J'ai dit STOP ! s'époumona Henry.
Mark se serra contre moi. Il était paralysé d'effroi.
Se moquant éperdument des ordres d'Henry, les épouvantails s'apprêtaient à nous réduire en pièces.
Soudain, j'éternuai.

27

J'éternuai en faisant un bruit de tous les diables. C'était si inattendu que Mark poussa un grand cri en reculant d'un bond.

Ce qui se produisit alors était incroyable : en face de nous, les épouvantails s'arrêtèrent net. Puis ils firent un grand bond en arrière, eux aussi.

– Hé ! Mais qu'est-ce qui se passe ? m'écriai-je.

Les épouvantails semblaient tous avoir les yeux fixés sur mon frère.

– Mark, vite ! Lève la main droite ! lui ordonnai-je.

Mark me regarda comme si j'étais devenue folle. Mais, troublé, il fit ce que je lui demandais. Il leva sa main droite bien haut, et les épouvantails levèrent aussi leur main droite, instantanément !

– Mark... Ils t'imitent ! bredouilla Grand-Mère Miriam.

Mon frère leva les deux mains en l'air.

Les épouvantails firent exactement la même chose, dans un grand bruit de paille froissée.

Mark tourna la tête à droite. Les épouvantails tournèrent leur tête à droite...
Ce petit jeu dura un moment.
– Ils pensent que tu es un des leurs, murmura Grand-Père Georges.
– Mieux que ça ! s'écria Henry. Ils te prennent pour leur chef !
– C'est parfait ! s'exclama Mark. Mais comment faire pour qu'ils retournent à leur place et nous fichent la paix pour toujours ?
Soudain, une idée me traversa l'esprit :
– Mark, enlève le sac que tu as sur la tête !
– Hein ?
– Enlève le sac ! Enlève ta tête de tes épaules ! insistai-je, toujours à voix basse.
– Mais pourquoi ? demanda-t-il en levant les mains, immédiatement imité par les épouvantails.
Tout le monde essayait de comprendre ce que je manigançais avec Mark.
– Si tu arraches ta tête, lui expliquai-je, les épouvantails vont faire la même chose. Seulement eux, ils vont mourir !
Mark hésitait :
– Tu es sûre ? C'est risqué, non ?
– Ça vaut la peine d'essayer, intervint Grand-Père Georges, qui avait saisi mon plan.
Mon frère hésita encore quelques secondes. Puis il regarda les épouvantails bien en face.
– Dépêche-toi ! cria Stanley.
– Oui, dépêche-toi ! insistai-je.

Mark saisit des deux mains le sac de toile qui lui recouvrait la tête.

– Pourvu que ça marche ! murmura-t-il

D'un geste brusque, il l'arracha.

28

Les épouvantails, immobiles comme des statues, regardèrent Mark arracher sa « tête ».

Mark les observait, le sac à la main. Ses cheveux lui collaient au front. Il suait à grosses gouttes.

Les épouvantails hésitèrent un moment...

Un moment interminable.

Je retenais ma respiration, le cœur prêt à exploser.

Enfin je poussai un cri de triomphe. Lentement, les épouvantails agrippèrent leur tête des deux mains et... soudain arrêtèrent leur geste.

Aucun de nous ne bougea. Pourquoi les épouvantails tardaient-ils à imiter mon frère ? Avaient-ils compris le piège qu'il leur tendait ?

Au bout de quelques secondes, ils tendirent à nouveau les bras en avant et s'approchèrent de nous en rang bien serré.

– Nous sommes pris ! hurla Henry. C'est la fin !

– Hé ! les mains en l'air, bande d'idiots ! vociféra Mark, complètement paniqué, en agitant les bras au-

dessus de la tête. Peine perdue ! Les épouvantails n'imitaient plus mon frère. Ils progressaient lentement, silencieusement vers nous.
– Ça n'a pas marché, gémit Mark ! Ils ne m'obéissent plus !
– C'est parce que tu n'as plus l'air d'un épouvantail, cria Grand-Mère Miriam. Tu n'es plus leur chef ! Vite, rentrons dans la maison !
Trop tard ! Les épouvantails étaient déjà à notre hauteur, et formaient un cercle autour de nous.
L'un d'entre eux me frappa le visage de sa main sèche et rugueuse, avant de m'agripper.
Jamais je n'avais hurlé aussi fort de ma vie.
D'une main, l'horrible créature tenait ma gorge, de l'autre, elle me frappait, frappait, frappait...
Un autre épouvantail se jeta sur Mark et le força à s'agenouiller, en lui broyant les épaules.
Mes grands-parents poussèrent des cris désespérés et se cachèrent derrière un buisson.
Henry n'avait même plus la force de bouger.
– Stanley... À l'aide ! suppliai-je dans un hoquet.
À présent les deux mains de paille me serraient le cou.
– Stanley ! Stanley ! Où es-tu ?
Au bord de l'étouffement, je regardai autour de moi, et constatai que Stanley n'était plus là.

29

– Stanley !

C'est la dernière chose que je pus dire.

Les deux mains continuaient de serrer ma gorge.

L'épouvantail me renversa par terre. Sa poitrine de paille écrasait mon visage. Je tentais de me dégager, mais il me maintenait fermement au sol.

J'allais m'évanouir.

– Lâche-la ! Lâche-la ! entendis-je Henry hurler.

L'épouvantail déployait une force incroyable. Dans un effort désespéré, je levai la tête...

J'aperçus alors deux bandes de lumière orange qui s'approchaient lentement de nous.

Entre ces deux lueurs je vis la tête de Stanley. Ses traits étaient durs et décidés.

Je donnai un coup violent à l'épouvantail, qui roula sur le côté.

– Stanley, par ici ! criai-je.

Stanley tenait deux torches enflammées. C'étaient les torches que j'avais vues dans la grange.

– Je les avais gardées au cas où, dit-il rapidement.
Les épouvantails avaient senti le danger. Ils lâchèrent immédiatement leurs proies et se mirent à fuir.
Mais Stanley fut plus rapide qu'eux.
Il fit tournoyer les deux torches comme des battes de base-ball.
Un épouvantail prit feu. Puis, un second. Puis un autre, et encore un autre.
D'un geste sûr, Stanley lança l'une des torches.
Une immense traînée de lumière traversa la nuit.
Les corps de paille brûlèrent en quelques secondes.
Les vieux manteaux et les chapeaux, eux, mirent un peu plus de temps.
Les épouvantails se tortillaient dans tous les sens.
Mais aucun n'échappa aux flammes.
Ils tombèrent le dos sur l'herbe, mangés par le feu, sans le moindre cri.
Nous regardions ce spectacle hallucinant avec un mélange de fascination et d'horreur.
Grand-Père Georges avait posé son bras autour de l'épaule de ma grand-mère. Ils étaient serrés l'un contre l'autre, et dans leurs yeux on voyait se refléter les flammes.
Henry, le corps tremblant, les yeux écarquillés par la terreur, pressait son livre contre sa poitrine.
Mark et moi avions rejoint Stanley, qui tenait encore une torche à la main. Les yeux pleins de colère, il regardait brûler les épouvantails.
Toute la scène avait duré moins d'une minute. Il ne restait plus qu'un tas de cendres des épouvantails.

– C'est fini, murmura doucement Grand-Mère Miriam, les yeux tournés vers Stanley.
– Plus jamais ça, plus jamais ! bredouilla Henry.

Le lendemain, tout était calme dans la ferme.
Mark, paresseusement allongé dans le hamac du jardin, lisait une bande dessinée. Grand-Père Georges et Grand-Mère Miriam faisaient la sieste.
Stanley était parti en ville chercher le courrier.
Henry, assis à la table de la cuisine, avait le nez plongé dans son livre. Il lisait à voix basse, en suivant le texte du doigt.
« Plus jamais, n'avait-il cessé de répéter pendant le déjeuner. Ça m'a servi de leçon. Plus jamais je ne ferai revivre d'épouvantail de ma vie. Et d'ailleurs, plus jamais je ne relirai le chapitre sur les épouvantails. »
Dans l'après-midi, Henry, resté dans la cuisine, poursuivait la lecture de son livre... Sans doute avait-il abordé un nouveau chapitre.
Depuis le salon, où je me reposais sur le canapé, j'entendais le murmure de sa voix déchiffrant le texte. Je songeais à la nuit que nous venions de vivre.
Je n'étais pas près de l'oublier.
« Quel bonheur que tout soit terminé, me dis-je. Je vais enfin pouvoir profiter de mes vacances. »
Quel bonheur, ce calme. J'étais seule dans le salon.
Seule, bercée par le marmonnement d'Henry.
Seule avec l'énorme ours empaillé à l'autre bout de la pièce...
Seule à le voir soudain cligner des yeux, retrousser

ses babines, descendre de son socle, grogner, et lever une patte énorme ornée de griffes monstrueuses.
Seule à entendre son estomac gargouiller, alors qu'il regardait dans ma direction.
Seule à comprendre qu'il devait être affamé après une aussi longue période d'hibernation.
– Henry ! hurlai-je d'une voix stridente. Henry, c'est quoi, le chapitre que tu es en train de lire ?

FIN

EXTRAIT

Et pour avoir
encore la

Chair de poule®

lis
ces quelques pages de

LA COLO DE LA PEUR

EXTRAIT

Le nez appuyé contre la vitre, je contemplais les collines rouges qui ondulaient au loin sous un ciel si lumineux qu'il en paraissait jaune. L'autocar cahotait sur une route étroite, à demi défoncée, bordée d'arbres tordus blanchis par la poussière. L'endroit était totalement désert. Cela faisait près d'une heure et demie que nous n'avions plus dépassé la moindre habitation.

À chaque secousse, nous retombions durement sur les sièges de plastique bleu et le véhicule résonnait de rires et de cris stridents. Le chauffeur n'arrêtait pas de grommeler et de menacer de nous faire descendre, mais personne n'y prêtait attention.

De mon siège, à l'angle de la banquette arrière, je pouvais compter les passagers, vingt-huit garçons et quatre filles, en route pour un camp de vacances. Les garçons se rendaient au camp de la Pleine Lune. Les filles, elles, rejoignaient un autre camp, non loin du nôtre.

EXTRAIT

Les filles s'étaient installées ensemble sur les sièges avant et bavardaient tranquillement, tournant la tête de temps à autre pour nous jeter un coup d'œil. Nous, les garçons, étions autrement plus bruyants. Nous ne cessions de pousser des cris d'animaux, de lancer des blagues idiotes qui nous faisaient hurler de rire. On avait une longue route à faire, mais on s'amusait drôlement bien !

À côté de moi était assis un nommé Mic, un garçon grassouillet avec une tête de gentil bouledogue hérissée de cheveux noirs et drus, coupés très court. Mic était plutôt du genre silencieux. Un timide, probablement. C'était la première fois qu'il partait en camp de vacances, m'avait-il expliqué, et il n'avait pas l'air dans son assiette.

Pour moi aussi c'était la première fois, et je devais bien admettre que papa et maman me manquaient déjà un peu. Malgré mes douze ans, je n'avais encore jamais vraiment quitté la maison. Là, dans cet autocar, je faisais le clown comme les autres, mais je sentais monter une espèce de vague à l'âme. C'était bien ce que devait ressentir Mic, lui aussi.

Il se pencha vers la vitre, fixant les collines rouges qui défilaient au loin.

– Ça va, Mic ? demandai-je.

– Ouais, ouais, ça va, Axel.

Je pensai de nouveau à mes parents. Ils m'avaient

paru si graves avant le départ de l'autocar ! Peut-être se faisaient-ils du souci de me voir partir seul comme ça, pour la première fois ?
– Nous t'écrirons tous les jours, mon grand, avait promis papa.
– Fais de ton mieux, mon chéri, avait ajouté maman en me serrant dans ses bras un peu plus fort que d'habitude.
Je continuais de me demander pourquoi elle n'avait pas dit plutôt « Amuse-toi bien » ou quelque chose de ce genre. Pourquoi donc avait-elle dit « Fais de ton mieux » ?
Ça me semblait bizarre. Fait-on ce genre de recommandation à quelqu'un qui part en camp de vacances ? Mais c'est vrai que j'ai toujours tendance à me poser des tas de questions pour rien.
Les deux seuls garçons avec lesquels j'avais fait connaissance, en dehors de Mic, étaient assis sur les sièges devant nous. Le premier, un grand brun aux cheveux longs, s'appelait Colin. Les yeux dissimulés derrière des lunettes-miroirs, il jouait les durs, dénouant et renouant indéfiniment le foulard rouge qui lui enserrait le front. À côté de lui, un costaud aux yeux bleu clair nommé Tom se vantait de ses exploits sportifs en faisant rouler les muscles de ses bras, surtout quand les filles se retournaient. Depuis le début du trajet, ils se bousculaient, s'envoyaient

des bourrades et se lançaient des vannes. Le but de Tom était visiblement d'attirer l'attention des filles. De temps à autre, il interpellait une jolie blonde assise près de la fenêtre :

– Hé ! toi, la fille à la queue de cheval, comment tu t'appelles ?

Elle commença par l'ignorer, puis se retourna :

– Je m'appelle Vera, répondit-elle.

Et désignant sa voisine, une rouquine aux cheveux bouclés et aux yeux malicieux, elle ajouta :

– Elle, c'est ma copine Ella.

– Ça alors ! plaisanta Tom, moi aussi, je m'appelle Vera !

La bande des garçons éclata de rire. Mais la vraie Vera ne sourit même pas :

– Enchanté, Vera, répliqua-t-elle.

Et elle lui tourna le dos.

Une fois de plus, l'autocar rebondit dans un nid de poule, nous projetant tous les uns sur les autres, ce qui fit redoubler les hurlements.

– Hé ! Axel, regarde ! s'écria soudain Mic en désignant quelque chose derrière la vitre.

Cela faisait un bon moment qu'il n'avait pas dit un mot. Je me penchai pour regarder.

– Il me semble avoir vu une drôle de bête, ajouta-t-il, les sourcils froncés.

– Ah, tu crois ?

EXTRAIT

Je fouillai du regard les rares bouquets d'arbres nains et les rochers rouges aux arêtes aiguës. Mais je ne vis pas l'ombre d'un animal.
– Il a disparu derrière les rochers, dit Mic.
Puis il se tourna vers moi :
– Tu as aperçu, toi, une maison ou une ferme ?
Je secouai la tête :
– Non, je n'ai vu que le désert.
Mic paraissait inquiet.
– Je pensais, insista-t-il, que notre camp devait être à proximité d'une ville ?
– Je ne crois pas, répondis-je. Papa m'a expliqué que le camp était installé de l'autre côté du désert, dans les bois.
Mic resta silencieux un moment.
– Mais alors, si on veut téléphoner chez nous ?
– Il y a sûrement un téléphone au camp, affirmai-je.
Dans les rangées du milieu, deux garçons entamèrent une chanson sur un air connu, mais en transformant les paroles à leur manière. Inutile de préciser que leur manière était quelque peu grossière. Les autres s'empressèrent de reprendre le refrain. Soudain, l'autocar stoppa dans un horrible grincement de freins, et je fus projeté violemment contre le siège de devant.
– Aïe !
Le chauffeur se leva. Un cri d'horreur nous échappa

EXTRAIT

quand il tourna vers nous son visage. Sa tête était devenue énorme. Sa peau était blême, parcourue de boursouflures hideuses. Ses yeux rougeoyaient au fond d'orbites verdâtres et des crocs luisants pointaient sous sa lèvre retroussée.

Dans l'étrange silence qui suivit le hurlement d'effroi, le chauffeur renversa en arrière sa tête monstrueuse, émettant une sorte de long feulement, un cri affreux, inhumain.

EXTRAIT

L'horrible cri résonnant encore dans mes oreilles, je plongeai à terre, tentant de me dissimuler derrière le dossier du siège de devant. Mic en avait fait autant, et je l'entendis chuchoter :

– Il est devenu un... un monstre !

Un rire triomphant éclata alors. Je risquai un coup d'œil prudent, juste à temps pour voir notre chauffeur empoigner à deux mains l'espèce de tignasse verdâtre qui lui couvrait le crâne et retirer d'un geste brusque le masque de caoutchouc dont il s'était affublé. En dessous apparut un visage tout à fait normal, fendu d'un large sourire.

– Vous y avez cru, hein ? Ça marche à tous les coups !

Quelques-uns d'entre nous se mirent à rire. Mais la plupart étaient encore sous le choc et n'avaient pas vraiment l'air de trouver la plaisanterie très drôle.

Le chauffeur reprit brusquement son sérieux et lança :

EXTRAIT

– Terminus, tout le monde descend !
Les portes automatiques s'ouvrirent en chuintant.
Les questions se mirent à fuser de tous les côtés :
– Où on est ? On est arrivés ? Où est le camp ?
Le chauffeur ne sembla même pas entendre. Jetant son masque sur le siège, il sauta à terre sans répondre.
Je collai mon nez à la vitre, mais ne vis rien que des kilomètres de désert rouge dont émergeait seulement la forme déchiquetée des rochers.
– Pourquoi nous fait-il descendre ici ? s'inquiéta Mic, penché à côté de moi.
Dans sa voix il y avait comme de l'angoisse.
– Tu ne trouves pas que c'est un joli coin pour un camp de vacances ? dis-je, tentant de plaisanter.
Mais ça ne le fit pas rire.
Comme nous étions à l'arrière, nous descendîmes les derniers. Je dus plisser les yeux tant le soleil était éblouissant. L'autocar était arrêté sur une sorte de parking. Tout autour, il n'y avait que du sable parsemé de rochers et de maigres buissons desséchés.
– Ça doit être un point de rencontre ou quelque chose comme ça, dis-je à Mic.
Les mains dans les poches de son short, il ne répondit pas. L'air angoissé, il creusait le sable à petits coups de talon
À l'autre bout du parking, Tom avait déjà entamé une

partie de lutte avec un garçon que je ne connaissais pas. Les quatre filles continuaient de bavarder tranquillement à l'ombre de l'autocar tandis que Colin et quelques autres, alignés un peu plus loin, organisaient une compétition de lancer de cailloux.
Le chauffeur avait ouvert la soute à bagages et en sortait nos sacs, les déposant en tas sur le sol.
Mic s'approcha, les mains toujours enfoncées dans ses poches :
– Où sommes-nous ? demanda-t-il. Pourquoi on descend ici ?
Le chauffeur retirait du fond de la soute une lourde malle contenant du matériel et ne lui prêta pas la moindre attention. Mic répéta sa question. L'homme ne sembla même pas l'entendre.
Mic revint vers moi en traînant les pieds, les sourcils froncés. Personnellement, je trouvais bien cet endroit un peu bizarre, mais je ne me sentais nullement inquiet. Le chauffeur, qui continuait de débarquer tranquillement nos bagages, avait l'air de savoir ce qu'il faisait.
– Pourquoi est-ce qu'il ne veut pas répondre ? s'inquiéta Mic. On dirait qu'il n'écoute même pas la question !
Son angoisse avait quelque chose de contagieux qui commençait à me mettre mal à l'aise. Je le laissai ruminer dans son coin et me dirigeai vers le groupe

des filles. En me voyant approcher, Vera me sourit. Avec ses cheveux blonds illuminés par le soleil, je la trouvais vraiment jolie.
Grimaçant à cause de la lumière trop vive, son amie Ella me dévisageait.
– Tu viens du centre ville ? me demanda-t-elle.
– Non, dis-je. Je suis de Midock. C'est au nord, pas loin de la baie.
– On SAIT où est Midock !
Cette réplique les fit toutes éclater de rire et je me sentis rougir.
– Comment tu t'appelles ? reprit Vera.
– Axel.
– Axel ? s'exclama-t-elle. C'est le nom de mon canari !
Nouvel éclat de rire. Je décidai de changer de sujet.
– Et vous, dans quel camp allez-vous ?
– Au camp de la Pleine Lune. Il y en a un pour les filles et un pour les garçons. Les autres filles sont parties hier, mais comme il n'y avait pas assez de places dans l'autocar, nous avons pris celui-ci.
– Où est le camp des filles ? demandai-je. Est-ce qu'il est près du nôtre ?
– On ne sait pas exactement où il est, expliqua Vera. C'est la première fois qu'on vient.
– Moi aussi, dis-je. Je me demande bien pourquoi on nous a fait descendre ici.

EXTRAIT

Les filles haussèrent les épaules. Je vis Mic qui cherchait à me rejoindre, toujours aussi anxieux, et je fis quelques pas vers lui.
– Regarde, dit-il en désignant l'autocar. Tous nos bagages sont sortis.
Je me retournai juste à temps pour voir le chauffeur refermer les portes de la soute.
– Mais enfin, cria presque Mic, pourquoi nous a-t-il fait descendre dans ce coin perdu ? Est-ce que quelqu'un d'autre doit venir nous chercher ?
– Je vais me renseigner. Attends-moi ici.
Je me dirigeai au petit trot vers notre chauffeur, qui essuyait son front couvert de sueur avec sa manche, debout près de la portière.
Me voyant venir, il grimpa vivement dans son véhicule et se glissa derrière le volant.
Je m'approchai encore et lui lançai :
– Est-ce que quelqu'un doit venir nous chercher ?
La portière se ferma en chuintant sous mon nez. Le moteur rugit et je sentis l'odeur âcre de la fumée sortant du pot d'échappement. Je tambourinai des deux poings sur la vitre :
– Hé ! Attendez !
Mais je dus faire un saut en arrière, car l'autocar venait de démarrer dans un crissement de pneus.
– Dites donc, vous ! criai-je, furieux. Vous voulez m'écraser ou quoi ?

EXTRAIT

Je restai là, regardant le véhicule faire demi-tour et disparaître sur la route dans un nuage de poussière. Puis je me retournai, cherchant Mic des yeux. Il était resté près des filles, et je vis qu'elles faisaient une drôle de tête, elles aussi.

– Il nous a laissés ici ! s'exclama-t-il quand je les rejoignis. Il nous a laissés ici, tout seuls, au milieu de... au milieu de nulle part !

En silence, nous regardions l'autocar disparaître vers l'horizon, qui s'assombrissait.

Je remarquai soudain que le jour baissait doucement. C'est alors que des bêtes se mirent à hurler.

Découvre vite la suite de cette histoire
dans
LA COLO DE LA PEUR
N°10 de la série
Chair de poule

Chair de poule®

1. La malédiction de la momie
2. La nuit des pantins
3. Dangereuses photos
4. Prisonniers du miroir
5. Méfiez-vous des abeilles
6. La maison des morts
7. Baignade interdite
8. Le fantôme de la plage
9. Les épouvantails de minuit
10. La colo de la peur (ancien titre : *Bienvenue au camp de la peur*)
11. Le masque hanté
12. Le fantôme de l'auditorium
13. Le loup-garou des marécages
14. Le pantin maléfique
15. L'attaque du mutant
16. Le fantôme d'à côté
17. Sous-sol interdit
18. La tour de la Terreur
19. Leçons de piano et pièges mortels
20. Souhaits dangereux
21. Terreur sous l'évier
22. La colère de la momie
23. Le retour du masque hanté
24. L'horloge maudite
25. Le parc de l'Horreur
26. La fille qui criait au monstre
27. Comment ma tête a rétréci
28. La rue maudite
29. Le fantôme décapité
30. Alerte aux chiens
31. Photos de malheur
32. Les fantômes de la colo
33. La menace de la forêt
34. Comment tuer un monstre
35. Le coup du lapin
36. Jeux de monstre
37. Nuits de cauchemar
38. Des appels monstrueux
39. Le souffle du vampire
40. Les vers contre-attaquent
41. Le mangeur d'hommes
42. La colo de tous les dangers
43. Sang de monstre
44. Abominables bonshommes de neige
45. Danger, chat méchant !

46. La bête de la cave
47. L'école hantée
48. Sang de monstre II
49. Terrible internat
50. La peau du loup-garou
51. Le jumeau diabolique
52. Un film d'horreur
53. L'attaque des spectres
54. La fête infernale
55. L'invasion des extraterrestres, 1
56. L'invasion des extraterrestres, 2
57. Le manoir de la terreur
58. Cauchemars en série
59. Ne réveillez pas la momie !
60. Un loup-garou dans la maison
61. La bague maléfique
62. Retour au parc de l'horreur
63. Concentré de cerveau
64. Sous l'œil de l'écorcheur
65. Halloween, une fête d'enfer
66. Mort de peur
67. La voiture hantée
68. La fièvre de la pleine lune
69. Kidnappés dans l'espace !
(à paraître en mars 2001)
Hors-série : L'homme qui donne la chair de poule !

Impression réalisée sur CAMERON par

BRODARD & TAUPIN

GROUPE CPI

La Flèche
en janvier 2001

Imprimé en France
N° d'Editeur : 6551 – N° d'impression : 5647